我的父亲

劉文典

WODE FUQIN
LIU WENDIAN

刘平章 口述

刘明章 章玉政 整理

团结出版社

图书在版编目（CIP）数据

我的父亲刘文典 / 刘平章口述；刘明章，章玉政整
理 . -- 北京：团结出版社，2024.5
ISBN 978-7-5234-0927-5

Ⅰ . ①我… Ⅱ . ①刘… ②刘… ③章… Ⅲ . ①刘文典
（1889-1958）- 传记 Ⅳ . ① K825.6

中国国家版本馆 CIP 数据核字 (2024) 第 088112 号

出　　版：团结出版社
　　　　　（北京市东城区东皇城根南街 84 号　邮编：100006）
电　　话：（010）65228880　65244790（出版社）
　　　　　（010）65238766　85113874　65133603（发行部）
　　　　　（010）65133603（邮购）
网　　址：http://www.tjpress.com
E-mail：zb65244790@vip.163.com
　　　　　tjcbsfxb@163.com（发行部邮购）
经　　销：全国新华书店
印　　装：三河市东方印刷有限公司

开　　本：163mm×240mm　16 开
印　　张：13.75
字　　数：127 千字
版　　次：2024 年 5 月　第 1 版
印　　次：2024 年 5 月　第 1 次印刷

书　　号：978-7-5234-0927-5
定　　价：59.00 元

刘文典与夫人张秋华

清华大学中国文学会全体成员合影，前排右四为刘文典

云南大学中文系 1954 级毕业照，前排右五为刘文典

西南联大时期的刘文典

刘文典一家三口与学生陶光合影

下课途中的刘文典

刘平章（右一）幼时与父亲合影

成年刘平章与父亲刘文典

刘文典晚年与家人的合影

写在前面的话

　　1958 年 7 月 15 日，是我永生难忘的日子。就在这一天，我的父亲刘文典在昆明与世长辞，永远离开了我们。

　　那一天，我收到母亲发来的电报，得知父亲仙逝的噩耗，犹如晴天霹雳、五雷轰顶。我这七尺男儿，眼泪禁不住哗哗流出。我简直不敢相信，父亲还未到古稀之年，怎么就撒手人寰、离我而去了呢？从小到大，父亲对我一直宠爱有加、百般呵护、悉心教育。我与父亲之间，有着情深似海的感情，难以言表。

　　父亲在世之时，我一直在外求学，一心打算等大学毕业后好生敬奉他老人家，以尽孝道。哪知天不遂人愿，就在我即将跨出校门参加工作之际，父亲竟驾鹤西去，与我阴阳两隔了！这成为我今生一大憾事。

　　为报答父亲的养育之恩，我谨记父亲的遗愿，在他去世一年后，将其骨灰从昆明送回原籍地——安徽省怀宁县（今属安庆市），安葬在县郊^①；后又与母亲一道，将父亲生前收藏的名人字画等十余件珍贵文物赠予家乡人民政府，收藏于安徽省博物馆。这也是代替父亲表达对故乡的赤子之情。

1994年之前，因忙于工作和生计，我只是在余暇之时将父亲生前的著作、书稿、信函等散落于世的遗物收集起来，加以妥善保管。退休之后，离开了忙忙碌碌的工作，赋闲在家，有了充裕的时间，我便全身心地投入到系统整理父亲的遗著、书稿和信函的工作之中；同时，广泛搜集全国书籍、报纸、杂志上刊载的有关父亲的文章，从中获得了大量珍贵的信息，增长了更多的见识，对父亲的学识、人品有了更加深刻的了解。

二十多年来，我积极支持和配合安徽大学出版社、云南大学出版社等出版机构将父亲的著作、译作、诗文等编辑成书，先后编辑出版了《刘文典全集》《刘文典全集补编》《刘文典诗文存稿》《刘文典全集》（增订本），等等。此外，我还向热心研究父亲的多位学者提供大量资料和素材，协助、推动出版了《狂人刘文典——远去的国学大师及其时代》（章玉政著，广西师范大学出版社2008年版），《刘文典年谱》（章玉政编著，安徽大学出版社2011年版），《刘文典笔下的日本》（章玉政、刘平章主编，合肥工业大学出版社2012年版），《刘文典研究》（马仁杰、黄伟、刘伟著，安徽大学出版社2019年版），《叔雅先生》（张昌山主编，云南人民出版社2018年版），《印象刘文典》（章玉政主编，合肥工业大学出版社2017年版），等等。同时，我尽己所能，通过查阅报纸杂志上有关父亲的文章，于2002年编辑出版了《刘文典传闻轶事》一书，引

① 注：今属安徽省安庆市宜秀区大龙山镇燎原社区高家山，为省级文物保护单位。

起各界不小的反响。通过多年努力，我愈加明白父亲为什么受到那么多人的崇敬和爱戴，且有越来越多之势。

如今，我已是年届九旬的耄耋老人，心中只有一个念想，那就是在我有生之年，将我心目中的父亲及其生平告知世人。为此，我竭尽全力，与我的堂弟明章、安徽章玉政先生共同整理、撰写了《我的父亲刘文典》一书。我以为，这是我对父亲表达的一点孝心，以此告慰父亲的在天之灵！

目　录

第一章　热血青春

清光绪十七年阴历十一月十九日（1891 年 12 月 19 日），父亲出生于安徽合肥一户家境殷实的富商之家。[①] 我的祖籍是安徽省怀宁县。祖辈很早就迁居合肥北郊务农，之后，又到合肥城里经商。祖父刘南田在合肥城里东大街开了一爿布庄，经营布匹生意。由于其经商有道，在当时的合肥城里，算是小有名气。

祖父共有子女八人，六男二女。父亲在男孩中排行第三，按家谱"文、章、华、国"辈分排列，我的父辈属"文"字辈，祖父给父亲取名刘文骢（后改名刘文典）。在家里的兄弟姊妹中，父亲从小就非常聪明、伶俐，有着超强的记忆力，因此深受祖父、祖母的疼爱。祖父为了偌大的家业有人传承，便对父亲悉心教育与培养，在其六岁时，专

---

① 　平章注：关于父亲的生年，有 1889、1890、1891 年等多种说法，此处据章玉政先生考证之说。详见章玉政《刘文典年谱》，安徽大学出版社，2011 年，第 1—2 页。

门聘请了一位私塾先生到家中教授四书五经。父亲读书非常用功，深受私塾先生喜欢。

祖父人在生意场上，经常到江苏、上海等地，见多识广，有时还与外国人打交道，于是就在心里琢磨着要让父亲早点学习外文，以备将来继承家业之需。他想到了加拿大籍传教士兼眼科医生詹姆斯·柏贯之。

19 世纪末，柏贯之医生受中华基督教会南京总会委派来到合肥，在合肥城里东门大街租赁了房屋，开办诊所兼作教堂。[①] 这一诊所慢慢扩大为合肥基督医院（今安徽省立医院前身）。祖父与柏贯之医生多次交往，关系不错，便请他教授父亲英文。热心的柏贯之欣然答应。由此，父亲每天上完私塾先生的课后，便来到这位英文老师处学习英文。从小跟随私塾先生习读古典经文的父亲，在接触到英义时感到十分好奇，产生了浓厚的兴趣，因而在随柏贯之学习英文时特别用功，加之其天资聪慧，记性式好，颇受赏识。柏贯之看到父亲悟性很高，求知欲也强，便在教授英文之余，又带他用显微镜观看微生物、做化学试验，将一个奇妙的世界带到了父亲面前，使他眼界大开，享受到近世科学的"恩惠"。

父亲长大以后，回忆起这段经历，曾不无感慨地写道："这是我第一遭和西洋的文化接触，看见他用的器物无一件不十分精美，而且件件都有神妙莫测的作用，心里十分惊异。我这时候的心情，竟和那荒岛里野蛮人初见白人探险家一般。读者诸君想必也都读过欧美探险家的笔记的，那上面所叙的土人初见白人的情形，就是我当年的写照了。

---

① 章玉政：《刘文典年谱》，安徽大学出版社，2011 年，第 5 页。

我心里细细想着，西洋人真有本事，他的东西件件比中国人的强，难怪我们中国打他不过。又看见他替人治病，真正是'着手成春'，那'剖腹涮肠'的手段，就连书上说的扁鹊、仓公都赶他不上。他又教我用显微镜看微生物，看白血轮，用极简单的器具试验化学给我看，这是我有生以来第一次受近世科学的恩惠，就是我现在对于生物学的兴味也还是在那个时候引起来的。我这时候虽然是大海里尝了一滴水，但是总算识得了咸味了。"[1]

为了让父亲接受到更好的教育，祖父想办法为他创造到大城市读书的机会。他打听到蔡元培、章太炎等知名教育家在上海创办了一所新型学校——爱国学社之后，便决定送父亲到那里读书。在父亲 12 岁那年，祖父带着他到了上海，不想爱国学社由于师生反清"排满"，高谈革命，已被清廷勒令解散，校址上另办了一所学校。父亲就留在这所新办的学校读书。

不久后，祖父听说在省内芜湖新办了一所学校——安徽公学，正通过报纸刊登广告，面向全省招收学生。祖父心想芜湖离家不远，送父亲到此校读书也方便照顾，于是决定让父亲从上海回到安徽，去安徽公学读书。

清朝末年的中国，内忧外患，千疮百孔，清政府处于风雨飘摇之中。神州大地，风云激荡，志士仁人无不在苦苦寻觅和探索中国未来之路。安徽桐城籍人士李光炯（1870—1941）即是其中之一。他自幼敏而好学，光绪二十三年（1897）考中举人，但痛感清廷腐败，国是日非，在反清革命思潮影响下，毅然放弃科举，主张"取欧美富强之

---

[1]　刘文典：《我的思想变迁史》，《新中国》第 2 卷第 5 号，1920 年。

具，以异国长技，教育学子，谋求实现新学变法图强之政治思想"[1]。
经过再三考虑，他决心通过举办新学，培养反清民主革命人才，与安
徽同乡、无为县人卢仲农联手，在湖南长沙开办安徽旅湘公学，聘请
著名革命党人黄兴、赵声等为教习，招收皖籍旅湘弟子入学就读。安
徽旅湘公学一度成为革命党人的基地，活动频繁，声势日盛，引起清
廷察觉，局势日趋紧张。为了躲避清政府的查办，李光炯决定将安徽
旅湘公学迁回安徽芜湖，改称安徽公学。

　　李光炯开办安徽公学，目的之一仍然是为反清民主革命培养人才，
因而所聘请的教习也大多是安徽乃至全国著名的民主革命活动家，以
及一批留日回国的学生。他们有的是同盟会会员，有的是光复会会员。
比如，安徽最早的资产阶级革命团体——岳王会的主要领导人陈独秀
和柏文蔚，就曾在公学里任教，借机积极宣传反清革命思想。光复会
主要领导人陶成章，也悄悄潜入公学执教，竭力宣传"排满"反清思
想，鼓吹反清革命。而颇负盛名的"激烈派第一人"刘师培，也化名
"金少甫"，来此任教，在课堂上宣传反清思想外，更组织秘密团体，
试图从事暗杀清廷大员的革命活动。

　　此外，在公学内任教的还有苏曼殊、谢无量等一批文化教育界的
知名人士。他们在课堂上敢于抛却陈规，冲破传统教育藩篱，一边向
学生传播知识，一边宣传进步思想。同时，又以教学为掩护，联络江
淮各地反清革命组织、进步人士，谋划推翻清朝帝制。在李光炯等人
的苦心运作下，安徽公学成为当时皖江流域最有名望的一所新型学校，
更是安徽民主革命的舆论中心、联络中心和革命党人的大本营。

---

[1]　枞阳县地方志编纂委员会：《枞阳县志》，"人物"，黄山书社，1998 年，第 632 页。

1905 年，祖父将父亲送到芜湖，就读于安徽公学。芜湖，东接宁沪，西通安庆、武汉，别称"江城"，素有"江东名邑""吴楚名区"之美誉。父亲来到学校以后，在刘师培、陈独秀等名师教导下，学业上有了长足的进步，打下了牢固的国学基础。同时，还接受了反清民主革命思想。

在安徽公学读书的两三年时间里，父亲受刘师培和陈独秀两位恩师影响最大，可以说是受惠终生。刘师培当时已是著名的经学大师，也是一位反清"排满"的干将。数十年后，父亲回忆道："这个中学校就其实际说来，竟是一个'排满主义'的传习所。请了一位'排满'排得最厉害的经学大师来当教员，这位先生是现代数一数二的鸿儒，经学、小学、文学都到了登峰造极的地位，就连比起余杭章先生来，也只能说是各有所长，难以分他们的伯仲。我那时候正是抱着'饥餐胡虏肉，渴饮匈奴血'的思想，在学校里'谈''排满''谈'得最起劲，做国文那就不用说了，地理、历史、伦理的课卷上总硬要扯上几句'排满'革命的话，所以这位先生也就最得意我，叫我到他家里去读书。他教人的方针只有八个大字，就是'寝馈许书，钻研萧选'。……我于是拿立主意，委务积神的专学国文了。从此就和近世科学完全脱离关系，硬着心肠去'抗志慕古'，这位先生也就越发赏识我。"[1]

刘师培看到父亲对国文肯下苦功夫，就引导他去试做校勘古籍的工作，"从此又天天和《御览》《治要》《白帖》《初学记》《意林》等类书做伴了"。不难看出，父亲之后到北京大学任教，并将校勘古籍作为学术研究的终身选择，与刘师培的影响与培养是分不开的。当然，刘

---

[1]　刘文典：《我的思想变迁史》，《新中国》第 2 卷第 5 号，1920 年。

师培激烈的反清"排满"思想对父亲的影响也是十分深远的，这为他后来参加民主革命奠定了坚实的思想基础。

父亲在安徽公学读书期间，还初识仲甫太老师。陈独秀，字仲甫，安徽怀宁人。我们习惯喊他"仲甫太老师"。太老师学识渊博，造诣深厚，是音韵学、文学大家，一代书法大师。在到安徽公学任教之前，仲甫太老师就十分关心国家大事和民族命运，一直秘密从事反清革命活动。来到芜湖后，他又结识李光炯，协助其开办安徽公学并担任教习。他遂以公学为阵地，以教学为掩护，联合江淮各地革命组织和革命党人，共谋推翻清朝帝制的活动。

父亲与仲甫太老师既是安徽怀宁同乡，又是师生关系。父亲原本学习基础就比较扎实，在校期间又用功刻苦，成绩突出，因此仲甫太老师对他尤为赏识眷顾，不吝夸奖他是"三百年中第一人"。[①]

仲甫太老师为人性情，不拘小节，经常在课堂上撇开教学内容，海阔天空，激情四溢，点评时政，臧否人物，"革命""民主""自由"等许多在当时被视为异端的词汇频频从他的口中冒出。这对父亲来说，无疑是颇具冲击力的革命启蒙教育。1905 年夏天，仲甫太老师与柏文蔚[②]在芜湖建立岳王会，这是近代安徽第一个资产阶级反清革命组织。在仲甫太老师的影响下，父亲经常参加岳王会的反清革命活动。可以说，仲甫太老师是父亲走上反清革命道路的直接引路人之一。

在安徽公学这所充满反清"排满"的民主革命氛围的学校里，在

---

① 《刘文典先生第二次检查》，见诸伟奇、刘平章主编《刘文典全集》（增订本），第 5 册，安徽大学出版社，2013 年，第 444 页。
② 柏文蔚（1876—1947），字烈武，安徽寿县人。民主革命家、政治家，清末民初的军事将领，曾应李光炯邀约，在安徽公学任体操教习。"二次革命"期间，任安徽讨袁军司令，宣布安徽独立。

李光炯、刘师培、陈独秀等名师的影响下，父亲接受了民主革命思想的熏陶，大开眼界，更加深刻认识到正是清政府当权者的黑暗腐朽、昏聩无能、故步自封，才使中华民族陷入外无尊严、内无安全的巨大灾难之中。他渐渐起了一个念头，认为这一切"全怪那些满洲人作祟，若是把满洲人杀尽了，国家自然而然的就好起来了，政治自然也清明了，生计自然也充裕了，内忧外患自然都没有了"。[①] 耳濡目染之间，父亲在内心深处悄悄种下了一颗民主革命的种子。

可以说，两三年的安徽公学生活，是父亲人生中一段至关重要的经历。他从仲甫太老师那里接受了用西方哲学对照中国古籍的研究方法，在学业上打下深厚而扎实的基础，并有了自己的创见；从刘师培先生那里学习到刘氏家学传承的典籍校勘方法，这成为他后来学术著述的重要支撑；而在思想上更是深受两位恩师的影响，第一次真正认识到了知识分子肩上的责任——国难当头，匹夫有责。

1905 年 8 月，由孙中山领导和组织的全国性资产阶级革命政党——中国革命同盟会（下简称"同盟会"）在日本东京正式宣告成立。不久后，同盟会会员吴旸谷携带着宣传资料来到芜湖，招募会员。父亲应该就是在这时候接触到了同盟会的宣传品，大体了解了同盟会的反清宗旨，很快就义无反顾地加入了同盟会。他应该算是安徽较早加入同盟会的革命人士之一。

数十年后，父亲曾与我谈及此事，并告诉我说，他是同盟会安徽分会第 17 号会员。可惜一直没有找到父亲当年入会的档案资料，但不管怎么说，从踏进安徽公学的那一天起，父亲似乎就注定要将自己置

① 刘文典：《我的思想变迁史》，《新中国》第 2 卷第 5 号，1920 年。

身于民主革命的洪流之中，为之奔走呼号、振臂前行，并将个人的前途与国家的命运紧紧相连。

1908年暑假，父亲从安徽公学毕业，来到上海，准备报考专门学校。可是，在公学读书期间，他除了参加革命活动之外，大部分时间都是在刘师培先生的指导之下阅读《御览》《初学记》《治要》等古籍，偏科十分严重，国文、历史、地理、伦理等文科成绩倒是非常优秀，但几何、代数、物理、化学等成绩则太差，所以报考了几所专门学校均未被录取。无奈之下，他只得到一所外国人办的教会学堂里去读书。在这所学校里，他得到了进一步学习英文的机会，但是对其他课程却并没有多少兴趣。尤其使他感到非常痛苦的是，这所教会学校"天天除了学英文以外就是做礼拜"，而他是不信鬼神、厌恶宗教的，却也不得不到礼拜堂里跟着大众喊一声"阿门"。渐渐地，他意识到不能继续留在上海这所教会学校里读书了，他要重找出路。

正在苦于找不到合适的地方继续读书而彷徨、徘徊之际，父亲得到了一个令他非常振奋的消息——他的恩师刘师培先生因反清革命之事受到清廷的缉拿，已逃到日本避难，于是他决定追随恩师前往日本。1908年底，父亲离开上海，到了日本东京，一心打算跟随刘师培继续学习，但见到刘师培后，却得知刘师培"已经宗旨大变"，提倡极端的无政府主义，学习世界语，再也不像过去那样热心讲中国的旧学了。这让父亲十分失望，也就不再经常去向刘师培先生请教学问了。

多年来，一直有个说法，认为父亲第一次东渡扶桑是到日本早稻田大学留学。在我看来，此事应属误传。父亲写过的生平履历和思想总结中，从未提及此事。我也从未听父亲谈到他曾在日本早稻田大学留学一事，更未见过他有早稻田大学的文凭。北京大学林庚教授曾在

刘文典早年肖像

一篇回忆文章中写道："当年我在清华大学读书时，教我的老师如刘文典、陈寅恪这些大师，都没有文凭。"① 又是一证。

关于首次赴日求学的经历，父亲日后写有《我的思想变迁史》一文，其中记述甚详："我就在日本沿门持钵，疗我头脑子的饥饿，今天从人学这样，明天从人学那样。日本买书极其方便，我就把听见过名字的人的著作，买了许多，查着字典读着。"据父亲回忆，在日本期间，经朋友介绍，他买了不少有关西方哲学方面的书籍，读着读着，便"不敢轻视西洋哲学，说他肤浅了"，尤其是在读完德国著名哲学家海克尔的《宇宙之谜》和《生命之不可思议》两本书后，更是大为感慨："读了真是无异'披云见日'，把我所怀疑不解的问题，确实解决了几个。"

---

① 吴小如：《记两位老师的谈话》，《文学自由谈》，1996 年第 4 期。

　　父亲第一次在日本待了三年的时间，通过大量阅读有关哲学和生物学的名著，日语、英语和德语水平有了很大程度的提升，这为他日后从事翻译工作打下了良好基础。更为重要的是，在日求学期间，他愈加认识到近世科学的可贵，"世界观、人生观从此就略略定了，枝叶上虽然也学着时髦，时时有些变化，根本上却从来没有生甚么动摇"。[①]

　　这一次去日本，父亲还有一个巨大的收获，就是拜在著名国学大师章太炎先生门下，成为章门子弟。数十年后，父亲在《回忆章太炎先生》中写道："我从章太炎先生读书，是在前清宣统二三年的时候。那时章先生住在日本东京小石川区，门口有一个小牌牌，叫作学林社。我经朋友介绍，去拜见他。章先生穿着一身和服，从楼上走下来，我经过自我介绍之后，就说明来意，要拜他为师。他问我从前从过什么师？读过什么书？那时候，我明知道他和我本师刘申叔（师培）先生已经翻脸，但是又不能不说，心里踌躇了一下，只好说：'我自幼从仪征刘先生读过《说文》《文选》。'他一听我是刘先生的学生，高兴极了，拉着我谈了几个钟头，谈话中间对刘先生的学问推崇备至。他忽然又想起来说：'是了。申叔对我提到过你。'从那天起，我就是章氏门中的一个弟子了。"

　　1911 年 10 月 10 日，武昌起义成功，敲响了清王朝的丧钟。身在日本、求学章门的父亲得知这一大好消息，激动的心情难以言表，他在《回忆章太炎先生》中记录了当时的情景：

　　　　我天天到他那里去请教，听他讲些作经学、小学的方法，

---

①　刘文典：《我的思想变迁史》，《新中国》第 2 卷第 5 号，1920 年。

他又讲《说文》《庄子》给我听，我那时候年纪太轻，他说《说文》，我还能懂一点，他讲《庄子》，我就不大懂。再加上佛学，那就更莫名其妙了。记得有一天下午，章先生正在拿佛学印证《庄子》，忽然听见巷子里卖号外，有一位同学买来一看，正是武昌起义的消息，大家喜欢得直跳起来。从那天起，先生学生天天聚会，但是不再谈《说文》《庄子》，只谈怎样革命了。因为我忙着要回国，坐车到神户赶一只船，来不及辞行，就先走了。①

父亲回到上海后，来到革命党人的喉舌——《民立报》工作。《民立报》是中国近现代政治家、教育家和书法家于右任先生创办的。于右任于1906年赴日本考察，同时为办报筹集经费。在日期间，结识孙中山，成为中山先生的挚友。之后，在日本加入同盟会。回国后，于1909年5月15日在上海创办《民呼日报》。该报以大量篇幅披露清政府出卖路权、矿权的行径，斥之"以傀儡自待"，猛揭官场黑幕，抨击官场腐败。后来，又报道甘肃等地发生的严重灾害，揭露主要官员隐瞒灾情，惹怒了官府，被控"毁谤"朝廷。是年8月2日，于右任被捕，报社执照被吊销，报纸被迫停刊。在革命党人积极营救下，于右任于9月出狱，10月又在上海租界与原《民呼日报》的同人一道办起了《民吁日报》。于右任的解释是，"吁"与"呼"字形相近，以"吁"表达人民愁苦阴惨之声，且以"宣达民情，鼓舞民气""与专横政府对抗，与强霸列强对抗"为宗旨。该报发行后，颇受民众欢迎。1910年

---

① 刘文典：《回忆章太炎先生》，《文汇报》，1957年4月13日。

10月26日，侵华元凶、日本前首相伊藤博文窜到东北哈尔滨，被朝鲜爱国志士安重根击毙。《民吁日报》刊文赞扬安重根的英勇行为，藉之揭露日本对华野心，并大声疾呼："清政失纲，东夷乘衅，陵铄诸夏，惧将倾覆国家，沦丧区宇，斯诚志士致命致节之日矣！"租界当局以"挑动中日衅隙"的罪名又查封了《民吁日报》。

1910年10月11日，于右任又在上海创办了《民立报》。《民立报》仍为日报，对开三大张，是革命党人的联络中心，自然也是革命党人宣传民主革命的阵地。报社旗下可谓是人才济济，当时全国知名的爱国人士和革命党人如宋教仁、张季鸾、章士钊、范鸿仙、邵力子、叶楚伧、吴忠信等先后担任报社主笔或特约记者。父亲回到上海后，立即加盟《民立报》，同时任主笔范鸿仙的秘书，并以"天民""刘天民"为笔名，先后在报上发表多篇文章，以报社为阵地，为民主革命大

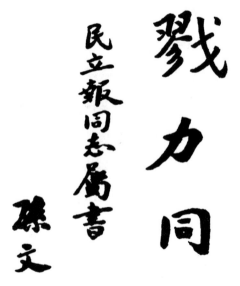

孙中山先生为《民立报》题词
题词手稿一度由刘文典收藏，后遗失
于抗战时期

声呐喊。

《民立报》为民主革命做了大量卓有成效的宣传、鼓动工作，因此，武昌起义成功后，中山先生从海外回到上海，专程到报社看望。为嘉勉《民立报》对革命作出的贡献，中山先生应于右任之请，用中英文为报纸题词，中文写了"戮力同心"四个字，英文则是"'Unity' is our Watchword"。两个条幅第二天刊登在《民立报》上。那天，是父亲第一次见到仰慕已久的中山先生。多年之后，他给我讲起那段令他万分激动的经历时，仍那么兴奋。他还告诉我说，中山先生题写的那两个条幅，被他十分小心地夹在一本书中珍藏了起来。遗憾的是，后来因为他的藏书被日军所劫，夹在书中的条幅也不知去向了。每每谈及此事，父亲仍觉十分痛惜。

武昌起义后，各省相继宣告独立。1911 年 12 月 2 日，南京光复。各省代表云集南京，选举中山先生为中华民国临时大总统。1912 年 1 月 1 日，中山先生在南京宣誓就职。我记得，在父亲日后填写的履历表上，明明白白填写了他"二十二岁回国在孙中山总统府当过秘书"。[①]1912 年 1 月 22 日，中山先生发表声明表示，倘若时任清朝内阁总理大臣袁世凯能宣誓赞成共和体制，他将辞去临时大总统，并推举袁担任临时大总统。1 月 25 日，袁世凯通电支持共和。2 月 12 日，清朝末代皇帝爱新觉罗·溥仪逊位，统治中国 268 年的清王朝正式退出历史舞台。两千多年的封建帝制从此宣告结束。2 月 15 日，南京参议院推选袁世凯为第二届临时大总统。4 月，南京临时政府迁往北京，中山先生宣布正式解除临时大总统职务。

---

① 见 1953 年《云南大学教师履历表》，云南大学档案馆。

袁世凯担任临时大总统后，强化独裁统治，积极扩编北洋军事武装，伺机镇压革命党人。1913年3月20日，国民党元老、代理理事长宋教仁在上海火车站遭人暗杀，最大嫌疑便是袁世凯。而他还擅自向外国银行大量借款，以扩充军备，准备向南方革命党人进攻。这一系列倒行逆施的图谋，激起了革命党人的强烈反对。在中山先生支持下，江西、广东、上海、福建、湖南等省的革命党人于1913年7月，纷纷宣布独立，举兵反袁，历史上称为"二次革命"。

"二次革命"兴起后，父亲与好友范鸿仙等人来到安徽芜湖，找到范鸿仙原来的铁血军部下、参谋长龚振鹏（时任安徽陆军第一师第二旅旅长），共同商议讨袁大事。龚振鹏遂对外宣布起兵讨袁。之后，范鸿仙、龚振鹏与父亲等人参加芜湖讨袁军事会议。会议决定扩编张子纲旅为讨袁第一军，扩编龚振鹏旅为讨袁第二军。据母亲后来对我说，在安徽的讨袁战斗中，父亲虽然没有手握武器参与战斗，但是他却身着布衣长衫，拉着板车在战场上协助运送伤员，以一个书生的独特方式参加了反袁的"二次革命"活动。

反袁斗争很快被手握重兵的袁世凯镇压下去，而中山先生等民主革命的重要人物则纷纷流亡到日本。母亲告诉我，"二次革命"失败后，父亲带着她躲避到上海法租界，在安顿好母亲和刚满四个月的成章大哥后，又于1913年9月只身前往日本避难。

在东京期间，父亲也一如既往投身于民主革命活动。1914年7月，在中山先生主持下，中华革命党成立。一天，父亲与几位志同道合的友人一道，去到中山先生下榻的一座破旧的小楼，拜会中山先生，并在中山先生主持下，宣誓参加中华革命党。四十多年后，回忆起当时的情形，父亲写下了《孙中山先生回忆片断》一文，记叙了宣誓加入中华革命党的详细经过：

> 我亲炙中山先生是一九一三年在东京的时候，那时候中山先生组织中华革命党，我也流亡在东京，就和几位朋友一起加入。当日的情况，今天还历历在目。中山先生住在一座破旧的小楼上，经过走廊，一上楼去就是中山先生的房间。房里一张陈破的短榻，一张木板桌，三张破椅子，中山先生穿着一件棉布的和服（日本衣服），坐在短榻上，有一位广东口音的厨师正在拿午餐给他用。我留心看看这位做过大总统的人吃些什么，出乎我意料之外的是只有两片面包，一盘炸虾，总共不过值两三角钱，比我们当学生的在小馆子里吃的西餐还简单。我看他生活的俭朴才知道他人格的伟大，崇敬之意，油然而生，默默地坐在一边。他用完午餐，开口问我话了，那一种慈祥恺悌的样子，真令我终身不忘。说了几句话之后，他就叫我下楼写誓书，并举手宣誓。①

父亲一边参加中华革命党的活动，一边利用闲暇阅读英文、日文、德文等西方书籍，以手中之笔为武器，在章士钊创办的以反袁为主旨兼具强烈学术色彩的《甲寅》杂志上，发表宣传民主革命思想、介绍西方近代科学文化、点评当时盛行于世的各种西方哲学思想的文章。具有代表性的就是1915年9月在《甲寅》上发表的《唯物唯心得失论》一文。这是父亲在流亡日本期间发表的学术试水之作。文章"更像是

---

① 刘文典：《孙中山先生回忆片断》，《云南日报》，1956 年 11 月 12 日。

一篇缩略版的《西方哲学史论稿》，从古希腊哲学家泰勒斯、德谟克利特、柏拉图、亚里士多德到叔本华、孔德、斯宾塞，均有涉及，视野之广，见识之高，论辩之精，令人惊叹，颇得西方哲学的精髓，呈现出刘文典深厚的学术功力"。[①]

纵观父亲 20 世纪一二十年代的人生经历：孩提时代的他，在祖父的精心培养、教育下，爱憎分明，成绩优异，是一个品学兼优的好少年；青春时代的他，一直关注着国家和民族的命运，加入同盟会后，更是毅然投身于民主革命的洪流之中；"二次革命"失败后，他的革命热情并没有因为袁世凯的疯狂杀戮、打压而减少，反而继续追随中山先生，加入中华革命党，以自身的智慧和犀利的文笔为武器，宣传民主革命思想，为民主革命摇旗呐喊。

可以说，早年的父亲，既是一位充满生活激情的热血青年，又是一位充满革命斗志的民主革命战士。

---

① 章玉政：《刘文典传》，安徽大学出版社，2018 年，第 53 页。

第二章　新潮澎湃

北洋军阀统治中国时期，日趋专制黑暗，倒行逆施，大力推行封建迷信和尊孔复古逆流。当时中国先进的知识分子如陈独秀（仲甫太老师）、胡适、鲁迅、李大钊、蔡元培、钱玄同等，受近代思潮的影响，总结辛亥革命的经验教训，认识到必须从思想文化上冲破封建思想的藩篱，提倡科学、民主、新道德、新文化，反对独裁专制、迷信盲从、旧道德、旧文学，廓清蒙昧、启发理智，才能使广大国民从封建思想束缚中解放出来。在他们的竭力推动下，中国广袤的大地上掀起了一场崇尚科学、反对封建迷信、猛烈抨击几千年封建思想的文化启蒙运动——新文化运动。这是中国近代史上一次空前的思想解放运动，高举科学与民主的旗帜，对封建专制及其思想文化进行了一次猛烈的扫荡，促进了中国人民特别是知识青年的觉醒，为五四爱国运动的爆发奠定了思想基础。

这里再说说仲甫太老师。1914 年 7 月，仲甫太老师应远在日本的

《青年杂志》创刊号封面
刘文典是其早期重要作者之一

《甲寅》杂志社主编章士钊之约前往日本，协助其编辑《甲寅》。在日期间，他以"独秀"为笔名，在杂志上发表了数篇振聋发聩、慷慨激昂的文章，由此"独秀"之名渐渐广为人知。后来，由于其夫人高君曼在上海病重，仲甫太老师在日本待了不到一年时间，便匆匆赶回上海。除了照顾夫人和孩子们之外，他仍心系家国命运。他认为，"欲使共和名副其实，必须改变人的思想，要改变思想，须办杂志"。① 于是，他便与老朋友、上海亚东图书馆经理汪孟邹商量，决定创办一本《青年杂志》，自任杂志主编。1915 年 9 月 15 日，《青年杂志》创刊号正式在上海问世。

仲甫太老师在带有发刊词性质的《敬告青年》一文中写道："青年如初春，如朝日，如百卉之萌动，如利刃之新发于硎，人生最可宝贵之时期也。青年之于社会，犹新鲜活泼细胞之在人身……自觉勇于奋

---

① 任卓宣：《陈独秀先生的生平与我的评论》，《传记文学》第 30 卷第 5 号，转引自任建树《陈独秀大传》，上海人民出版社，2012 年，第 85 页。

斗之青年，发挥人间固有之智能，决择人间种种之思想——孰为新鲜活泼而适于今世之争存……青年乎！其有以此自任者乎？若夫明其是非，以供决择，谨陈六义，幸平心察之。"在文中，他表达了反对封建礼教、追求民主科学的强烈愿望，寄希望于青年，呼唤青年"奋其智能，力排陈腐朽败者以去"。为此，他在文中提出六项标准："自主的而非奴隶的；进步的而非保守的；进取的而非退隐的；世界的而非锁国的；实利的而非虚文的；科学的而非想象的。"这六大标准正是之后仲甫太老师所提倡的民主与科学思想的雏形，是一条贯穿新文化运动的红线，表达了启蒙知识分子改造国民的思想主张，体现了寄望于广大青年改造国民的迫切心情。

在这一期《青年杂志》中，仲甫太老师还撰写了《法兰西人与近世文明》一文，开宗明义地指出，"人权说""生物进化论"和"社会主义"是近代文明的特征。他认为，要实现社会改革的这三方面，关键在于新一代青年的自身觉悟和观念更新。仲甫太老师还勉励青年要崇尚自由、民主、科学，要有世界眼光，要讲求实际和进取。他总结近代欧洲强盛的原因，认为人权和科学是推动社会历史前进的两个车轮，所以在中国首先要高举科学与民主两面大旗。正如在《敬告青年》一文的最后，仲甫太老师写道："宇宙间之事理无穷，科学领土内之膏腴待辟者，正自广阔。青年勉乎哉！"

可以说，《敬告青年》是仲甫太老师发动新文化运动的宣言书，而《青年杂志》（一年后更名为《新青年》）的创办，更成为新文化运动兴起的标志。从此，新文化的星火开始在中国大地上渐次燃烧起来。

新文化运动兴起之时，父亲正流亡日本，但是，他仍时时心系国内革命大业、文化新举。他很快读到了仲甫太老师的《敬告青年》，被其大气磅礴、洋洋洒洒、纵横恣肆、一泻千里的行文所折服。他决心要用手中之笔，积极为《青年杂志》投稿，成为"新青年"的一员。从那时起，父亲便投身到新文化运动之中，与仲甫太老师一道为科学与民主而呼喊。

　　1915 年 11 月，在《青年杂志》第一卷第三号杂志上，父亲翻译了《近世思想中之科学精神》一文。这篇文章的作者是英国著名生物学家赫胥黎。在文章的一开始，赫胥黎从公元 1666 年前后发生在英国伦敦的两大灾难说起，一是瘟疫，一是大火。按照当时的认知水平，人们多认为瘟疫（死于瘟疫者计五万余人）、大火（毁掉城市六分之五的区域）是上帝对世人的惩罚，但作者站在近世科学的角度，指出灾难并非"上帝之裁判"，而是人为所致，并以自然科学知识轻松解释这两大灾难的起因。这篇文章的翻译，凸显出父亲响应仲甫太老师高举科学大旗的号召，试图用译文向广大青年读者宣传西方文明。父亲以高超的文学才情和广博的自然科学学识将这篇文章的精髓充分展现，得到仲甫太老师的高度评价。译文发表时，采取中英文对照的形式刊出，既方便读者了解西方科学知识，又能兼以学习英文原文，一举两得。这样的处理方式，与《青年杂志》传播青年文化的宗旨也是完全一致的。

　　在《近世思想中之科学精神》译文发表之后的第二个月，即 1915 年 12 月，父亲又在《青年杂志》上发表了《叔本华自我意志说》一文，用大量笔墨对叔本华的核心哲学思想进行了介绍。叔本华是第一位对"生命意志"作出本体论阐释的悲观主义哲学家。父亲的这篇文章全面阐述了叔本华的哲学思想，也是《青年杂志》第一次全面系统阐述叔本华哲学的学术文章。

1916 年 1 月，父亲在《青年杂志》第一卷第五号"英汉对译"栏目中发表了译文《佛兰克林自传》。佛兰克林，今译作富兰克林，美国政治家、物理学家、作家、发明家和科学家，美国开国元勋之一，是 18 世纪美国的风云人物。他的一生是自我奋斗、自我教育、自我完善的一生，在政治、科学、文学等多个领域均取得了巨大的成就。父亲在译者前言中给予富兰克林极高的评价，称赞其"为十八世纪第一伟人，于文学、科学、政治皆冠绝一世。其自疆不息、勇猛精进之气，尤足为青年之典型"。他介绍道，此篇文章"乃其七十九岁所作自传，吾青年昆弟读之，倘兴高山仰止之思，群效法其为人，则中国无疆之休而不佞所馨香祷祝者也"。[①] 民主与科学，是富兰克林一生取得的两个伟大的成就。在新文化运动兴起的中华大地上介绍富兰克林，正是时代呼唤的主题。

《青年杂志》还承继了《甲寅》的思想倾向，极为推崇自由精神。仲甫太老师翻译美国的爱国歌曲《亚美利加》，就是借之宣传自由理念。这在中国专制体制刚刚被扫入历史的垃圾堆之时，有一定的现实意义。1916 年 2 月，父亲在《青年杂志》第一卷第六号上发表译作《美国人之自由精神》，同样采取英汉对照形式刊出。此文是英国保守主义奠基者埃德蒙·伯克在英国国会上的演说，也是讴歌美国自由思想的名篇。这篇译文的发表，进一步呼应了当时中国逐渐兴起的自由主义精神。

1916 年 3 月，《青年杂志》受到上海基督青年会"维权行动"的挑战——该青年会自办一份会刊，名曰《上海青年杂志》，早于《青年杂

---

① 刘文典译：《佛兰克林自传》，《青年杂志》第 1 卷第 5 号，1916 年 1 月。

志》创办，因而他们称《青年杂志》侵犯了《上海青年杂志》的名字专利，要求《青年杂志》更名。于是，《青年杂志》更名为《新青年》。

在 1916 年 9 月出版的《新青年》第二卷第一号上，仲甫太老师借更名之机，进一步阐述"新青年"的内涵：

> 青年何为而云新青年乎？以别夫旧青年也。同一青年也，而新旧之别安在？自年龄言之，新旧青年固无以异；然生理上、心理上，新青年与旧青年，固有绝对之鸿沟，是不可不指陈其大别，以促吾青年之警觉。慎勿以年龄在青年时代，遂妄自以为取得青年之资格也。①

在仲甫太老师的主持下，这份看似不起眼的、简易得不能再简易的杂志，向一切旧思想、旧文化、旧道德发起了全面冲击，在革命者和青年中影响越来越大。而随着李大钊、胡适、鲁迅、钱玄同等一大批高举新文化运动旗帜人士的相继加入，《新青年》又被注入了新的思想、新的活力。或许当时很多人都没有意识到，小小的杂志背后，竟蕴藏着无穷的力量，"百年积弱的中国，终于在一份开初并不起眼的期刊里，爆发出了革故鼎新、翻天覆地的怒吼声"。②

1916 年 10 月，父亲在《新青年》第二卷第二号上发表了一篇政论性文章——《欧洲战争与青年之觉悟》。两年多前，1914 年 7 月，第一次世界大战在欧洲爆发。父亲认为，"此度欧洲战争，为书契以来第一

---

① 陈独秀：《新青年》，《新青年》第 2 卷第 1 号，1916 年 9 月。
② 章玉政：《刘文典传》，安徽大学出版社，2018 年，第 59 页。

大事，吾人所得教训，不可胜数"，"足以垂训人类全体，而弱国之民，尤当深铭于心，永矢不忘"者，当有数端：一是"和平者，痴人之迷梦也"；二是"强弱即曲直也"；三是"黄白人种不两立"；四是"国家之存亡在科学之精粗"。一线之希望，则在青年，正如他在文中呼吁的："青年而能自觉其责任，孟晋自疆，努力奋斗，则吾青年自身之福祉亦邦家无疆之休；青年而苟偷怀佚，不能努力奋斗，则邦家覆败，吾青年亦必及身为虏。"目睹德国、日本的强盛，父亲认为，中国要强盛，青年必须尚武。在这篇文章中，他还颇有远见地指出："今日之世界，一科学世界也。举凡政治、军事、工业、商业、经济、教育、交通及国家社会之凡百事业，无不唯科学是赖。科学精者其国昌，科学粗者其国亡。"一百多年前父亲就有如此的远见卓识，真令人不得不叹服。最后这两句话，如今还被安徽大学镌刻在磐苑校区南门大道旁的一块巨石上。

想到在第一次世界大战前期，德国之所以步步紧逼，全在于其拥有先进的武器、精锐设备，父亲不由感叹道："吾中国之兴废，在青年之能否务此而已。"[①] 在这种思想影响下，父亲于1916年11月又在《新青年》第二卷第三号上发表了《军国主义》一文，认为"军国主义者，德意志强盛之总因也"，为此，他呼吁中国青年，"能自觉己身之责任，扩观世界之潮流，深知军国主义为立国根本、救亡之至计，振作精神，则吾诸华未必不能化为世界最强毅之民族，中夏犹可兴也。"父亲在文中所提的"军国主义"，主要是以武力捍卫国家主权，正如他在文章中所解释的，"求生意志乃世界之本原，竞存争生实进化之中心，国家者

---

① 刘文典：《欧洲战争与青年之觉悟》，《新青年》第2卷第2号，1916年10月。

求生意志所构成军国主义者，竞存争生之极致也"，这与二战时期德国法西斯、日寇提倡的"军国主义"在本质上是完全不能同日而语的两个概念。

今天我们重温《欧洲战争与青年之觉悟》和《军国主义》这两篇文章时，可以看到其基本要义就是强调中华民族要强大，强国强军才是立国之本。当人类进入到 21 世纪的今天，这种远见卓识显然不无现实意义。

在积极为《青年杂志》投稿的同时，1915 年 12 月，父亲又在《新中华》第一卷第三号上发表了《英法革政本末》一文，介绍英国和法国政治革新的情况。此文分三期连载。《新中华》杂志创办于 1915 年 10 月，明确坚持共和政体，为迷茫的国人寻找出路。这份杂志具有浓烈的反袁色彩。父亲在洋洋洒洒、笔锋雄健的引言中写道：

> 《易》曰：汤武革命，顺乎天而应乎人。独夫肆虐，百姓致诛，天之道也……近世自英王查理士伏诛以还，革命之潮，滂渤怫郁，如震如怒，当之者死，遇之者坏。我中夏辛亥之役，义师云兴，神兵电扫，旬月之间，光复旧物，虽共和之政不举，而朔虏之祚终移。今先烈之业，既坠于地，生民之命，复将泯灭。余乃发愤，述列邦之往迹，召吾国之来兹。①

父亲在文章中回顾英国大革命的经历，总结出四大教训，抨击所谓"开明专制"会给国家带来的隐患和危害。他在文章中指出，法国

---

① 刘文典：《英法革政本末》，《新中华》第 1 卷第 3 号，1915 年 12 月，署名"叔雅"。

大革命的经验教训更值得汲取。同时，他还颇有先见之明地论断：专制的退后，共和的振兴，是不可逆转的历史潮流。

1916 年 6 月，在《新中华》第一卷第六号上，他又发表了《意大利革政记》一文，进一步阐释意大利革命之于中国的借鉴价值。他在文中写道："近世诸国之革命，其最足以为吾人后事之师者，法兰西大革命而外，首推意大利……"文章分析、比较了意大利革命与中国革命的异同，深刻指出："吾中夏民军之与贼媾和，乃书生误国自取覆败。意大利真有圣君贤相，故有今日之盛。吾中夏则委国柄于张邦昌、石敬瑭之手，故有今日之祸。"①巧合的是，是月6日，袁世凯在全国人民的唾骂声中病逝，复辟成为历史的笑柄。

从父亲发表的《英法革政本末》《意大利革政记》等文章可以看出，他由早年的激进革命主张已转变为如今的理性思考，思想正逐步走向成熟。在他看来，无论是英国、法国还是意大利的革命，都是以血的代价和铁的事实对国家的前途选择作出的历史性的回答，中国如果能够从英、法、意三国的革命历程中汲取经验教训，则"国犹可救"！

袁世凯一命呜呼后，流亡在国外的革命党人纷纷回国。1916 年底，父亲回到上海，来到恩师仲甫太老师身边，在《新青年》编辑部担任英文翻译，兼写一些理论文章。1917 年 1 月 13 日，经北洋政府教育部批准，仲甫太老师担任北京大学文科学长。经仲甫太老师与北大校长蔡元培先生商量，《新青年》编辑部由上海迁到北京。父亲随编辑部一同来到北京。到北京后，应仲甫太老师之邀，父亲出任北京大学"理预科教授兼文预科教授又兼国文门研究所教员"。至此，新青年群在北

---

① 刘文典：《意大利革政记》，《新中华》第 1 卷第 6 号，1916 年 6 月，署名"叔雅"。

大形成了新的集结。新文化运动的舆论中心和主力阵容从上海迁到了北京。

香港学者陈万雄在《五四新文化的源流》中评价道："这时期进入北大任教职的，《新青年》杂志的重要作者占了一个很大的比例，陈独秀不用说，胡适、周作人、刘半农、杨昌济、程演生、刘叔雅以及高一涵、李大钊、王星拱皆属之。"当是极为精当的观察。

进入北京大学任教后，除了忙于教学事务外，父亲还继续担任《新青年》的翻译和撰稿工作，为新文化的传播与引介鼓与呼，且身体力行之。1918年2月15日，父亲在《新青年》第四卷第二号上发表《柏格森之哲学》一文。柏格森是法国著名哲学家，其生命哲学是20世纪初传入中国的西方现代非理性主义哲学思潮的代表。为了唤醒青年、启蒙青年，父亲虽已在北大担任教授，但他仍觉得有责任、有必要将柏格森这样的大哲学家及其哲学思想介绍给只知道"拜孔尊教"的广大国人。他在序文里这样写道："千九百年，（柏格森）充教授于法兰西大学校，十稔以还，声誉日隆，宇内治哲学者仰之如斗星。讲学英、美诸大学，士之归之，如水就下。德意志无偻铿，此君当独步也。其著作甚富，而《创造进化论》一书，尤为学者所宝，盖不朽之作矣。其他著述，每一篇出，诸国竞相传译，而吾国学子鲜有知其名者，良可哀也。"仲甫太老师对父亲的这篇文章大加赞赏，专门安排在杂志封面"要目"中予以介绍。

未料想到的是，这篇文章刊出不久，便引来一封落款"张寿朋"的读者来信。来信对柏格森的"直觉"一说提出了严厉批评，"柏格森'直觉'之说，果如贵杂志所谓者，则决不得与程正叔'德性之知'相附会。必欲勉强附会，只堪拟于佛氏之所谓'投胎舍'耳。"在此基础上，他又对《新青年》大肆批判孔教、传播西方哲学进行了批驳，并声称要为孔子申冤："寿朋无似，为求那宇宙的真理、人生的正道、救世的方法，绞脑筋，耗心血，翻来覆去，几阅寒暑，才于孔子之道真信得过。诸君若还虚心，再将孔、孟的书研究一遍，程、朱的书参考一回，想聪明胜过寿朋十倍。"这样的观点在当时并不鲜见，其实也正代表了旧思想、旧文化对刚刚兴起的新文化运动发起的质疑与挑战。父亲阅后，立即提笔给张寿朋写了一封回信：

寿朋先生：

仆素不想冒充"学贯中西"，所以绝不肯"勉强附会"，所以提及程正叔者，取其"不假见闻"四字而已。来教问"不知柏氏之直觉亦自己实有此觉否"，柏氏方在巴黎 College de France 当教授，请去问他自己可也。

十二月五日　刘叔雅

这封回信刊登在 1918 年 12 月 15 日的《新青年》第五卷第六号上。针对张寿朋的来信，这一期还同时刊发了仲甫太老师、周作人等的回应文章，堪称是一次集体发声，不约而同坚定地扛起民主与科学的旗帜，朝向旧思想、旧文化投去有力的一击！

父亲在《新青年》担任编务期间，还有一件事值得说一说。辛亥革命之后，社会上有些人大搞封建迷信活动，大肆散播妖言鬼话，蛊惑人心。在上海，这些人甚至组织灵学会，出版《灵学丛志》，以所谓的"灵学"思想欺骗世人，一时还颇有市场。仲甫太老师对这帮搞"灵学"的人哀其不幸、怒其不争，决定予以回击，在 1918 年 5 月 15 日《新青年》第四卷第五号上亲自撰写了《有鬼论质疑》一文，直指当时弥漫全国的"鬼神妖雾"。文章刊出后，在社会上掀起了不小的波澜。一位署名"易乙玄"的灵学会成员投来反驳文章《答陈独秀先生〈有鬼论质疑〉》，大肆渲染"确实有鬼存在"，说什么"若鬼，富有灵力之人则易见，否则不易见……"，云云。父亲研读了易乙玄的反驳文章后，觉得有话要说，于是义无反顾地拿起手中之笔，写了一篇《难易乙玄君》，刊登在《新青年》第五卷第二号上，坚定地与仲甫太老师并肩战斗。

文章一开头写道："陈独秀先生作《有鬼论质疑》，易乙玄君驳之，辨而无征，有乖笃喻，爰作此文，聊欲薄易子之稽疑云尔。"接下来在文章中，父亲"以子之矛，攻子之盾"，直接指出易乙玄的"灵论"自相矛盾，批判易乙玄所谓"夫鬼之存在，已无疑义"实为谬论。接下来，父亲又借英国心理学家达威氏现场表演降灵术、活见鬼、扶乩等实验，而后又自我揭穿此不过是"市上眩人所用极简单之手法"，证明所谓的降灵术、活见鬼之说完全是骗人的。这一科学史上的故事曾被记录在《心理学年报》里。由此，父亲借用韩非子的话以警醒世人："用时日事鬼神，信卜筮，而好祭祀者，可亡也！"在他看来，妖雾弥漫，乱象丛生，倘若国人再不清醒，那么国家将真的"亡其无日矣"！

环顾 19 世纪末，特别是中日甲午战争之后，西方革新思想大规模传入中国，影响了包括仲甫太老师、父亲在内的一大批爱国知识分子。民国初年，随着《新青年》等一批进步刊物的广泛传播以及白话文运动的兴起，新文化运动在中国大地上蓬勃开展，从思想文化领域激发、影响了中国人尤其是中国青年的爱国救国热情，从根本上为后来的五四运动奠定了思想基础。

1918 年 11 月，第一次世界大战以德国战败而告终。英、美、法、日、意、中等 27 国均是战胜国。1919 年 1 月，战胜国在法国巴黎召开战后协约会议即巴黎和会，中国派出代表出席会议。和会不顾中国提出的维护国家领土主权的提案，把德国在中国山东半岛的特权全部转让给日本。这是对中国主权的公然侵犯，也是对中华民族尊严的肆意践踏。消息传到国内后，激起各界人士强烈义愤。5 月 4 日，北京大学以及在京十多所本专科院校的 3000 多名学生走上街头，高呼"誓死力争，还我青岛""取消二十一条""外争主权，内除国贼"等口号，游行到天安门前，举行抗议集会。一场震惊中外的反帝爱国运动在北京爆发，这就是史上著名的五四运动。

五四运动的发起者和主力军就在北京大学。"在救亡图存的时代命题下，在民族启蒙与觉醒的一缕晨光中，新文化运动作为五四运动的思想先导，在北京大学孕育发展起来。北京大学教育改革带来的学术自由、思想独立、追求真理的新风，为五四新文化运动的发生培育了

北大沙滩红楼
五四运动期间，刘文典曾在此"守夜"

肥沃的土壤。"①北京大学成为五四运动的策源地和风暴中心，仲甫太老师则成为五四运动的总司令。

五四运动发生时，父亲正坐在中央公园的柏树底下悠然自得地看书，突然看到同乡好友、北大化学系教授王星拱气喘吁吁地跑过来，告诉他爱国学生游行示威，烧了北洋政府交通总长曹汝霖的住宅赵家楼，结果被军警逮捕了不少人。父亲坐不住了，"跳起来奔到学校"。在北大红楼门口，遇到法学院罗文干教授，又听到一个令他十分震惊的消息——"蔡元培先生已经辞职离京"。父亲大吃一惊，赶紧跑到楼上，看到许多教授正聚集在一起，议论学生们的行动，其中不少人直骂学生"幼稚"。父亲听了，火冒三丈，差点发了他的火爆脾气。但毕竟也有明理之人，比如中文系的同事马叙伦教授，就一直在为学生的爱国行动前前后后地奔走，与北京总商会、银行公会等组织保持联系，支持学生的行动。经济系马寅初教授索性坐镇红楼，彻夜不归，与父亲，还有中文系教授刘半农，一起加入值班的行列，以便及时应对突发情况。很多人开玩笑说，"犬守夜，鸡司晨，你们一马二刘是北大的三个守夜的犬"。②一天半夜，正在值班的父亲听到楼下一片喧哗之声，探眼一看，门前全是军警的帐篷——大楼被军警包围了！监狱容纳不下被捕学生，于是将北大三院和理科教室作为临时监狱，被关押囚禁的学生却并不屈服，高喊"打倒军阀""内灭国贼，外抗强权"的口号，彻夜不绝……

由此可见，五四运动期间，父亲虽然没有直接参加学生的游行

①　《北京大学与五四运动》，北京大学新闻网，2019 年 4 月 29 日。
②　刘文典：《忆"五四"》，《云大》，1957 年 5 月 1 日。

示威活动，但作为一位北大教授，还是做了一些力所能及的工作，为五四爱国运动尽了一份微力。数十年过后，1957 年 5 月 1 日，父亲曾在云南大学校刊《云大》上撰文回忆："五四运动在中国革命史上有极其重大的意义。不但是政治上，就是思想上，中国人之接受新思想也是从那个时候起的。"①

---

① 刘文典：《忆"五四"》，《云大》，1957 年 5 月 1 日。

第三章　学问立身

1916 年 6 月，袁世凯一命呜呼后，黎元洪出任北洋政府大总统。为了做出一番政绩，黎元洪决定从高等教育入手，改变北京大学现状。12 月，北洋政府正式任命蔡元培先生担任北京大学校长。

蔡元培（1868—1940），字鹤卿、孑民，浙江绍兴人，清光绪年间进士。著名教育家、政治家和民主革命家。中华民国临时政府成立后，他出任教育总长，主持制定了《大学令》，这是中国近代高等教育的第一个法令。后来，他又数次赴德国、法国等地留学，在哲学、文学、美学、心理学、文化史等方面卓有研究。1917 年 1 月 4 日，应北洋政府之邀，这位前清进士、翰林怀揣着新教育理念与思想，毅然回国，来到北京大学。在就职演讲中，他提出了自己的办学理念：

大学者，研究高深学问者也。外人每指摘本校之腐败，以求学于此者，皆有做官发财思想……所以诸君须抱定宗旨，为求学而来，入法科者非为做官，入商科者非为致富，宗旨既定，自趋正轨。[①]

蔡元培先生主政北大后，提出了"囊括大典，网罗众家"，"思想自由，兼容并包"等治学方针。在这些方针指引下，新文化在北大有了立脚之地，而北大则成了新文化运动的堡垒和发源地，以之为中心，科学、民主思想得到广泛传播。同时，一批具有新文化、新思想的代表人物也得以先后进入北大，尤其是蔡元培先生聘任仲甫太老师担任北大文科学长，这对当时的北大来说是一个十分重要的决定，对于新北大成为当时中国思想活跃、学术兴盛的最高学府也具有划时代的重要意义。

仲甫太老师担任文科学长之后，积极帮助蔡校长罗致人才，接连聘任了胡适、李大钊、钱玄同等一批学识渊博、思想先进、潜心改革旧文化旧教育、学术功底扎实的饱学之士。

事实上，到北大上任之前，仲甫太老师即与蔡校长有一个约定，那就是继续担任《新青年》的主编，并将《新青年》编辑部由上海迁往北平。由此，编辑部的一班人马也随之迁到北平，进入北京大学任教。父亲就是在这样的情况下进入北大担任教授的。

父亲从小受到良好的教育，先后师从仲甫、申叔、太炎太老师等名师，饱读中国传统文化经典，打下了深厚的国学基础。到日本留学期间，又系统地研读了达尔文、海克尔、丘浅次郎等著名学者的近世科学名著，受到西方科学思想与近世文化的熏陶。此外，他还精通英、

---

① 蔡元培：《就任北京大学校长之演说》，《蔡元培全集》第3卷，中华书局，1984年，第5页。

日、德等国文字。因此，有着扎实的学术根基与社会积淀。据钱玄同日记记载，最迟在 1917 年 4 月，年届 26 岁的父亲踏入北大校门，担任预科教授，成为北大新派人物之一。

父亲生前常跟母亲说，他没有家学渊源，也没有欧美留学的背景，要想在名声赫赫的北大立足，除了当好教授之外，就必须著书立说，自成名家，否则，在北大便无立锥之地。深思熟虑之后，他下决心将校勘经典古籍作为毕生从事学术研究的主攻方向，并将重点放在校释先秦诸子著作上。

校勘古籍是学术界的"冷门"，一般人难以问津。古籍文献经过千百年历代反复传抄，难免会有讹舛、脱漏、衍文、版本等问题。汉代之后，许多学者对前人的书籍着手进行校释、勘正。宋代雕版印刷术发明之后，书籍经过雕版印刷难免又出现新的错误，或刻漏，或刻错，等等。因此，历代学者都会对前人的校勘成果进行进一步勘正。在中国历史上，清代是校勘古籍的鼎盛时期，涌现了一大批著名的校勘专家，如卢文弨、王念孙、王引之、俞樾、孙冶让、庄逵吉等。

父亲在安徽公学读书时期便接受了仲甫太老师用西方哲学对照研究中国古籍的方法，摆脱了传统经学研究的一些束缚，又从申叔太老师那里学到刘氏家传校勘诸子典籍的方法，且在日本留学期间又得机会聆听太炎太老师讲解文字学、音韵学、训诂学等古籍校勘的知识，于是决定"从有代表性的文献着手，沉下去，认认真真地校好一部书，再校与此书有关联的若干部书，从而上下联贯，左右横通"。[①]

在父亲看来，从事古籍校勘"需博览古今，傍通经史，通晓音韵、

---

① 诸伟奇：《古籍整理研究丛稿》，黄山书社，2008 年，第 203 页。

文字、训诂、版本诸多学问。纠一字之差，正一句之误，往往穷年累月，呕心沥血，旁征博引，方得确证。亦有毕生求证，竟无所获而宁可存疑者，何耶？盖考证之术，无巧可取，尤忌望文生义，主观臆断。即有证也，亦不可凭孤证下结论，两证可以立议，三证方可定论"。[①]这是父亲多年从事古籍校勘的肺腑之言、切肤体悟。

母亲曾多次与我谈起父亲做学问之事。她告诉我，父亲做学问十分辛苦，一般都在晚上，趁夜深人静之际，埋头伏案工作。冬天，母亲将书房里的炉子生好火，炖上烧水的茶壶，让父亲随时就便取用。父亲做起学问来，也是痴迷得很，有时候睡在床上，突然想起有关校释之事，立刻起身，回到书桌前，将刚刚想到的问题记录下来，不惜通宵达旦。白天吃饭时，连眼睛都睁不开，依赖母亲夹菜给他吃。

在我看来，父亲之所以能取得丰硕的学术成果，除了严谨的治学精神、扎实的学问功底和甘于坐"冷板凳"的顽强毅力外，就是他的记忆力特别强，几乎有过目不忘的功夫。平时在家，总是能听到他在轻声自言自语，好似在咕叽什么，听母亲说，那是父亲在背诵文章或什么东西。据我所知，对于古人许许多多的文章，父亲都能烂熟于心，这与他平时努力读书、勤于背诵是分不开的。应该说，这些都是从事古籍校勘的基本功。下面，我重点介绍一下父亲的六部校勘著作。

一、成名之作：《淮南鸿烈集解》

大约在 1919 年下半年，父亲决定选择汉高祖刘邦之孙、淮南王刘

---

① 张文勋：《淮南鸿烈集解·跋》，引自《刘文典全集》（增订本）第一册，第 925 页。

安及其门客共同撰著的《淮南子》作为他校勘的第一部古籍。

《淮南子》，又称《淮南鸿烈》《刘安子》，是两千多年前继《吕氏春秋》之后集先秦诸子之大成的一部文化巨著。原书分内篇21卷、中篇8卷、外篇33卷，现仅存内篇21卷。该书在继承先秦道家思想的基础上，综合了诸子百家学说的精华，糅合了阴阳、墨、法和部分儒家思想，是西汉无为而治思想的系统总结。全书阐述了天地之理、人间之事、帝王之道，涉及哲学、政治、经济、军事、天文、地理、农学、生物、音律、风俗和神话等方方面面，可谓是一部论述天地人间各种问题的"百科全书"。梁启超曾称赞道："《淮南鸿烈》为西汉道家言之渊府，其书博大而有条贯，汉人著述中第一流也。"[1]胡适则评价道："道家集古代思想的大成，而《淮南王书》又集道家的大成。"[2]

历史上最早对《淮南子》作注的是东汉时期著名文字学家许慎，后经东汉另一位经学大师高诱注解，流传于世。清代考据之风大兴，王念孙、王引之父子等众多学者都先后从文字、音韵、训诂等角度整理、校释此书。清代最流行的《淮南子》注本，是清乾隆年间著名学者庄逵吉校释的通行本。

由于《淮南子》流传久远又晦涩难读，历代学者对之的校释，又多散见于各自的笔记、随笔之中，不易获得。即便是清代庄逵吉的通行本，仍存在底本不明、校语简略、引书不严甚至牵强附会之处，向来毁誉参半，褒贬有之。正如胡适先生所说："然诸家所记，多散见杂

---

① 梁启超：《中国近三百年学术史》，江西教育出版社，2017年，第223页。
② 胡适：《中国中古思想史长编·淮南王书》，见季羡林主编《胡适全集》第6卷，安徽教育出版社，2003年，第123页。

记中，学者罕得遍读；其有单行之本，亦皆仅举断句，不载全文，殊不便于初学。"①

父亲着手对《淮南子》进行校释，正是要响应胡适倡导的"整理国故"运动。1919 年 11 月，胡适在北大第一次正式将"整理国故"作为一个口号提了出来。他提出："现在整理国故的必要，实在很多。我们应该尽力指导'国故家'用科学的研究法去做国故的研究。"② 所谓"国故"，即千百年来流传下来的文化，多指语言、文字、文学，也泛指古典要籍。胡适先生提出的"整理国故"，并非是要将旧的东西一棒子打死，而是采取科学的方法，"重新估定或发现中国文学的价值"。

父亲清楚地知道，要想实现胡适先生"整理国故"以"再造文明"的理想，就要拓宽视野，综合各种版本之优劣，而不能重蹈历代注本一味考证的覆辙。在校勘《淮南子》时，他就着力将明、清二十余家学者之说搜集到一起，认真地进行分析、比较，汲取众家之长，摒弃一己之短，以科学的方法进行集解。

经过认真分析、比较，父亲认为庄本尽管存在不少的问题，但较之于历代其他学者的校注本，还是较为理想的工作底本，尤其是庄逵吉在校注《淮南子》的过程中大量参阅了道教的经典《道藏》，更是颇为难得。《道藏》是道教经籍的总集，包括了周秦以来道家子书及汉魏六朝以来的道教经典，内容庞杂，卷帙浩繁，堪称研究道教最珍贵的文献。北京西便门外的白云观内就藏有这部典籍。

---

① 胡适：《〈淮南鸿烈集解〉序》，《胡适文存二集》卷 1，亚东图书馆，1928 年，第 281 页。

② 胡适：《论国故学（答毛子水）》，《胡适文存》卷 2，亚东图书馆，1921 年，第 286—287 页。

父亲着手校释《淮南子》后，便很想前往白云观查阅《道藏》。经朋友介绍，父亲结识了白云观的观主，索性住到白云观里，一连数月，全身心地查阅《道藏》。据母亲多年后对我说，父亲住在白云观的那些日子里，整天"泡"在书卷之中，经常茶饭不思、寝食难安，一度得了严重的神经衰弱症。道观里天天吃的是素食，一次，父亲趁人不备，偷偷到观外买了点荤食，带进道观，结果被训斥了一顿……说起来是笑谈，但背后却可以看出父亲潜心学术的艰辛。

在白云观的日子虽然清苦，但是父亲却利用这段时日，从《道藏》中找到了许多珍贵的文献资料，为他完成《淮南鸿烈集解》提供了充足的前期条件。

经过两年多的努力，父亲终于完成了《淮南鸿烈集解》的初稿。他半是欣喜，半是忐忑，不知道这一学术"处女作"是否会被学术界所认可接受。他想到了安徽同乡、北大同事胡适。胡适1917年归国进入北大后，与父亲一直有密切的往来。父亲也视"暴得大名"的胡适为学术领域的引路人，此时好不容易完成这部著作，首先就想到要送给胡适"掌掌眼"。

1921年9月24日，胡适先生收到了父亲送去的书稿。是日，他在日记中写道：

> 刘叔雅（文典）近来费了一年多的工夫，把《淮南子》整理了一遍，做成《淮南鸿烈集解》一部大书。今天他带来给我看，我略翻几处，即知他确然费了一番很严密的工夫。……他用的方法极精密——几乎有机械的谨严——故能逼榨出许多前人不能见到的新发现……叔雅，合肥人，天资甚高，作旧体文

胡适专门为刘文典《淮南鸿烈集解》作文言长序，赞誉其为"一部可以不朽之作"

及白话文皆可诵。北大国文部能拿起笔来作文的人甚少，以我所知，只有叔雅与玄同两人罢了。叔雅性最懒，不意他竟能发愤下此死工夫，作此一部可以不朽之作！

这个评价可以说是非常高的。胡适先生是白话文的大力倡导者，但他却破例为父亲的这部《淮南鸿烈集解》撰写了文言文的序言。此外，他还将《淮南鸿烈集解》列为北大"整理国故"运动的代表性成果，称"吾友刘叔雅教授新著《淮南鸿烈集解》，乃吾所谓总账式之国故整理也"。

1923 年 3 月，胡适先生为《清华周刊》开列《一个最低限度的国学书目》，特意将《淮南鸿烈集解》写了进去，并予以重点推荐。之后，他在《中国中古思想史长编》一书中，又不吝言辞夸赞《淮南鸿烈集解》："近年刘文典的《淮南鸿烈集解》(商务印书馆排印本)，收罗清代学者的校注最完备，为最方便适用的本子。"

　　国学大师梁启超先生时任清华大学国学门导师，他虽然明确表态"不赞成"胡适所开的书目，但对于父亲的这本书却格外高看一眼。1923年4月26日，梁启超先生也为清华大学学生开列了一份《国学入门书要目及其读法》，其中写道："《淮南子》，此为秦汉间道家言荟萃之书，宜稍精读。注释书，闻有刘文典《淮南鸿烈集解》颇好。"此后，在《中国近三百年学术史》中，他再次提到《淮南鸿烈集解》："最近则刘叔雅（文典）著《淮南鸿烈集解》二十一卷（民国十年刻成），博采先辈之说（刘端临、陈观楼、胡荄甫之书皆未见征引），参以己所心得，又从《御览》《选注》等书采辑佚文佚注甚备，价值足与王氏《荀子集解》相垺。"

　　1924年1月6日，北大教授、著名语言学家杨树达在《北京师大周刊》上连载长文《读刘文典君〈淮南鸿烈集解〉》，其中写道："余久闻有二刘君校释《淮南》，渴欲先读者久矣。今北大教授刘文典君之《集解》已由商务印书馆出版（闻另一刘君之本，当由中华书局出版），其书体例大致仿王氏先谦集解《荀子》之法，荟萃清代诸儒成说，而复广取唐宋类书所引《淮南》本文，详加勘校，用力甚勤，信为初学读书者极便利之本。……近数十年来读《淮南子》者，普通莫不用庄本。今读者若仍用庄本，则清儒校勘成说，皆不可得见。又刘君自校颇多，亦多有可取之处，故吾谓刘君此书，足以取庄本而代之也无疑。"

　　这本书还受到周氏兄弟的关注。鲁迅先生得知《淮南鸿烈集解》出版面市后，专门到商务印书馆购买此书。[①] 周作人在《北大感旧录·刘叔雅》一文中写道："……他实是一个国学大家，他的《淮南鸿烈集解》的著书出版已经好久，不知道随后有什么新著，但就是那一

---

① 鲁迅：《鲁迅日记》，1924年2月2日，人民文学出版社，1976年，第418页。

部书也足够显示他的学力而有余了。"①

父亲是在步入而立之年后著成《淮南鸿烈集解》这部书的，没想到立即得到梁启超、胡适等众多著名学者的认可与推介，声名鹊起，一举奠定学术地位。《淮南鸿烈集解》于 1923 年 4 月首版首印，之后的十年间曾三度重印，足见其学术影响力。

完成对《淮南子》的校释工作之后，父亲在日后的教学和学术研究中，凡遇到与《淮南子》有关的新资料，都会一一记录下来。在之后出版的《三余札记》《群书校补》等著作之中，依然可以看到他对《淮南鸿烈集解》一书进行的补充或更正。晚年在云大任教期间，他更是利用课余闲暇之时，将《淮南鸿烈集解》全书又重新校点一遍，留下 20 余则眉批文字，充分显示了父亲的学术使命感、责任感。

《淮南鸿烈集解》的出版，对《淮南子》研究也起到了极大的推动作用。应该说，直至今天，这部书一直是研究《淮南子》的最佳版本。父亲生前曾与我聊起他的这部"成名之作"，非常自信地对我说："我的名呢，就是在校勘学方面可以留名五百年，五百年之内可能没有人超过我。"可见，父亲对于自己的这部校勘著作是相当满意的。

二、一生心血所系：《庄子补正》

1923 年 2 月 26 日，在致胡适先生的信函中，父亲谈及他已校完《论衡》、著成《论衡校注》一书，打算着手对《庄子》这一道家经典进行校释。

---

① 周作人：《周作人回忆录》，湖南人民出版社，1982 年，第 467 页。

父亲的这一打算，其实有一个重要原因，那就是：早在东渡日本时，他曾拜在太炎太老师门下，学习《说文》《文选》《庄子》等，尤其是太炎太老师将佛学引入庄学领域，通过佛家的要义来阐述《庄子》的本义。这在父亲的心中种下了对这部古籍的最初印象，并由此产生对《庄子》进行研究的兴趣。

《庄子》无疑是我国古代传统典籍中的瑰宝，具有极高的思想文化价值。其内容丰富、博大精深，涉及哲学、人生、政治、社会和艺术等诸多方面，是古代圣哲修身明德、体道悟道、天人合一智慧结晶的重要经典之一。其文本意象丰富，想象大胆，纵横捭阖，汪洋恣肆，具有极为鲜明的浪漫主义色彩，在先秦诸子散文中独树一帜。

两千多年来，《庄子》这部经典经过手抄、刻版等传播过程，出现讹舛、脱漏、衍文等现象已是在所难免。历代学者对之也是不断校注，但仍然存在不少问题，正如父亲所说："前人校释是书，多凭空臆断，好逞新奇，或有所得，亦茫昧无据。今为补正，一字异同，必求确诂。若古无是训，则案而不断，弗敢妄生议论，惧杜撰臆说，贻误后学而灾梨枣也。"为此，他在给胡适先生的信中谈道：《庄子》这部书，注的人虽然很多，并且有集释、集解之类，但是以弟所知，好像没有人用王氏父子的方法校过。弟因为校《淮南子》，对于《庄子》也很有点发明，引起很深的兴味，现在很想用这种方法去办一下，也无须去'集'别人的东西了……你要赞成，弟预备等书债偿清之后就着手了。"

在胡适先生的大力支持下，父亲开始对《庄子》一书进行校释。他充分吸纳历代学者的校勘成果，纠正讹误，补充遗漏，引经据典，对《庄子》原文只作证实，且侧重对证据的搜集，通过前人的不同说法反复考证，然后作出判断，先后引用参考书目达60余种。经过断

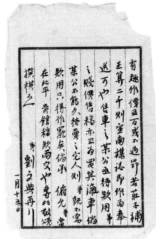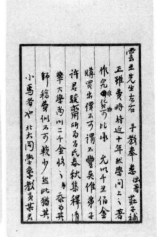

刘文典为《庄子补正》出版一事与商务印书馆王云五来往信函

断续续十多年的努力，终于在 1938 年完成校勘《庄子》的工作，著成《庄子补正》一书。

《庄子补正》凝聚了父亲多年的心血，成为他一生的得意之作。父亲的好友、国学大师陈寅恪教授充分肯定这部著作的价值，并为之撰写序言道："先生之作，可谓天下之至慎矣……然则先生此书之刊布，盖将一匡当世之学风，而示人以准则，岂仅供治《庄子》者之所必读而已哉！"陈寅恪先生之父、近代著名学者陈三立老先生还特地为此书题写了书名。

多年来，学术界对父亲所著《庄子补正》评价甚高，认为其有如下几方面特点：

一是恪守考据之道。以考据为基础，注重对字词的疏证。

二是注重多版本校勘。版本是校勘的基础，凡无版本可据者，则不宜改动。父亲在校勘《庄子》时，参考了多种不同的版本，这为他的校勘提供了充裕的凭据。

三是乐于助证前人的注解。乾隆、嘉庆年间的校书人，有的为显示自己独特之处，往往喜欢否定前人的观点。而父亲在补正《庄子》时参考多家诠释，凡是他认为合理的，都乐于助证前人的说法，并给出进一步的例证。

四是补正文字的脱失。《庄子》在流传过程中，许多文字经过后人的删改或补注造成谬传，也有的是在印刷过程中由于种种原因出现脱失，父亲特别注意对文字脱失的补正。

五是重视从道家理义的角度进行注解。《庄子》是道家的经典。父亲凭借对道学的独特了解，在注重补正字词为主的同时，经常从道家理义的角度进行考证。

总之，从庄学史的研究来看，《庄子补正》对于后世人们研习《庄子》具有重要的借鉴意义，因此，《庄子补正》一直被学界视为父亲的一部重要的学术著作。

《庄子补正》成书之时，正值国家陷于战乱时期，因而一直到1946年才由云南大学石印出版，之后由商务印书馆刊印发行，受到学术界广泛关注，好评如潮，至今再版不断。

当然，这部书出版后也遭遇了一些令人不愉快的经历。1948年，国民政府中央研究院决定评选院士，父亲因在校勘领域有突出贡献，被云南大学推荐参加院士评选。不料，远在美国治病的傅斯年给评议委员会写了一封信，称："候选人中确有应删除者，如刘文典君……刘君校《庄子》，甚自负，不意历史语言研究所之助理研究员王叔岷君曾加检视（王君亦治此学）发现其无穷错误，校勘之学如此，实不可为训，刘君列入，青年学子，当以为异。"由于傅斯年的极力反对，父亲最终一票未得，与中央研究院院士擦肩而过。

这里特别要指出的是，当年史语所的助理研究员王叔岷，之后在台湾大学任教多年，晚年曾"悔其少作"。他曾在著作《庄子校释》再版之际，专门致函出版社："《校释》附录二，有《评刘文典〈庄子补正〉》一篇，乃岷少年气盛之作，措词严厉，对前辈实不应如此！同治一书，各有长短，其资料之多寡，工力之深浅，论断之优劣，识者自能辨之，实不应作苛刻之批评。况往往明于人而暗于己邪！一九七二年，台湾台北市台联国风社翻印拙著《庄子校释》，岷在海外，如知此事，决将《评刘文典〈庄子补正〉》一篇剔除，至今犹感歉疚也！"

七十多年前的这段往事已成历史。父亲在世的时候，从未提及此事、此文。《庄子补正》也并未因此文而失去它的学术价值，反而在大陆、台湾等地一版再版，成为庄学研究领域的必备之书。

三、散落于外的"遗珠"：《论衡校注》

《论衡》是中国思想史上的一部极其重要的著作。作者是东汉思想家王充（公元27年—约97年），字仲任，浙江会稽（今绍兴）上虞人。他少时家贫，但十分好学，常常到市肆看书，经过刻苦自学，终成通晓百家之言的大学问家。青年时期，王充曾做过郡功曹、州从事等小官，但他痛恨俗恶的社会风气，因与权贵发生冲突，愤而辞职，以致终身与"仕路隔绝"。

东汉时期，"罢黜百家，独尊儒术"已成为时代潮流。但与春秋战国时期有所不同的是，东汉时期的儒家学说掺进不少谶纬之说，蒙上一层神秘主义色彩。王充以其渊博的学识、敏锐的观察、严于逻辑的思考和求真去妄的精神，对充满神秘主义的谶纬学说乃至儒术展开了严厉的批判。《论衡》即是这样一部通篇主张无神论的经典批判之作，对中国哲学与中国文化的发展产生了深远的影响，成为中国学术文化宝库中的一部奇书。原书据传有百篇，经过千百年的辗转流传，现仅存 85 篇（其中的《招致》仅存篇目）。

　　父亲是一位无神论者，不信鬼、不信神的他，在饱览众多古籍经典时，对王充撰写的《论衡》情有独钟。1921 年 10 月 9 日，在致胡适先生的信中，他写道："典前些时本来要校《吕氏春秋》，已经教舍弟（平章按：指我的六叔）在摘钞《御览》了，现在想想这部书已经有人略略校过，与其校他，不如校那未经人校而又最值得、最急需的《论衡》，这部书自古无人做过工夫……我想来把这个重担子挑起……你素来很看起他这部书，想必很赞成我这件事。但是《论衡》据说以通津草堂本为最好，典却未曾见过，《四部丛刊》里有这部书，不晓得你能借给我一用么？如果能和张菊生先生商量，买部零的那就更妙了。"从信中可以清楚地看出，父亲在校释《淮南子》的同时，已经有了着手校注《论衡》的设想。

　　1924 年 2 月 26 日，父亲再度致信胡适先生，谈校勘《论衡》事，并敦请胡适先生与商务印书馆联系有关出版等事宜："汉代诸子，除了《淮南子》之外就数《论衡》了。弟近来细细校过，并且把亡友朱君蓬仙校的本子拿来参考，通津草堂本的敚误处都补上了，自信是《论衡》的最完善的本子。"同年 8 月 17 日，他又致信胡适先生称，"《论衡》已校毕，……《论衡》诸事都齐备了，立刻可以付印的，也要请你和书贾们办一办交涉……免得我的一年心血付之流水，就是大幸了。"

　　从父亲致胡适先生的信中可以看到，他花了整整一年工夫完成了《论衡》的校注，"立刻可以付印"了。遗憾的是，不知何故这部经典校勘著作却一直未能出版，稿本后来与他多年收藏的其他珍贵藏书一道，遭到日寇的洗劫，流落在外。数十年来，我们一家三代人苦苦寻觅被劫藏书，其中就包括《论衡校注》的手稿本，近年幸有意外收获，失而复得此书，其过程之艰辛、曲折，真令人唏嘘不已！这里简单说一说。

1937 年 7 月 7 日，卢沟桥事变爆发，揭开了中国全面抗战的序幕。7 月 29 日，北平沦陷。为保存关乎民族复兴的教育、文化事业，北大、清华、南开等一批高校内迁，很多教师也随之南下。因母亲患病在身，不宜远行，我们一家三口只得暂时滞留北平。其间，日寇通过周作人等数次登门劝说父亲到伪北大任教，均遭父亲断然拒绝。日寇盛怒之下，派宪兵到我家搜查，以此威胁父亲。面对日寇软硬兼施的淫威，父亲大义凛然，不为所动，精通日语的他，在日寇问话时一言不发，自称"以发夷声为耻"，保持了一个爱国知识分子应有的气节与尊严。在这样的情况下，父亲当然就被日寇监视了起来。[①] 他深知自己已经无法在北平继续平安待下去了，遂在清华大学教授叶企孙的帮助下，于 1938 年 4 月化装后只身一人悄然离开北平，取道天津，浮海南奔，乘外轮南下，经香港、越南海防，来到西南联大所在地——昆明。

为躲避日寇的监视，母亲和我不能随父亲同行，而他多年收藏的近千册珍贵书籍也无法随身带走。临行前，父亲将藏书分装四箱，千叮咛、万嘱咐，让母亲日后一定要想办法将这些藏书全部带到云南。

我们一家住在北平的时候，父亲为了报答当年他的表叔尽力帮忙料理祖父丧事的恩情（祖父乘船外出经商时突发脑溢血，不幸身亡，后事由父亲的表叔一手操办），将表叔的孩子陈酒吉接到北平家里，与

---

① 《蔡元培全集》，卷 17，浙江教育出版社，1998 年，第 197 页。

我们同住。当时，与我们同住的还有母亲的乳母一家。听母亲告诉我，她三岁的时候，外婆就离世了。她就一直由乳母抚养。为报答乳母的养育之恩，父亲和母亲也将乳母和她的儿子、儿媳及孙子何葆生（学名何晋）四人接到北平，和我们住在一起。抗战前，我们一家三口、乳母一家和表叔陈迺吉等一起住在北平北池子骑河楼蒙福禄馆3号。当时父亲薪金颇高，家里有小轿车、黄包车，还聘请了司机，日子过得其乐融融。日寇侵占北平后，我们家优裕的日子一去不复返。我们不得不选择逃难，离开北平。母亲给了她的乳母一家和表叔陈迺吉一点盘缠，让他们先回安徽老家以避战祸，而后便准备带我一同前往云南，与父亲会合。

1938年8月初，母亲和我带上大包小包行李和父亲留下的四箱藏书，在乳母的孙子何葆生的护送下，登上了天津开往香港的邮轮。数日后，我们抵达香港。香港大学教授马鉴先生受父亲委托，前来码头迎接我们母子二人。马教授看到我们携带不少行李和四大箱藏书，且我当时年纪尚小，无法与母亲分担携带物品，就对母亲说：孩子太小，四箱藏书难以搬运，从香港到昆明又是水路又是陆路，十分艰辛，而香港当时归英国管理，日本人估计一时半会儿也不会打到香港，不如先将藏书暂时存放在香港大学，等局势安定下来后，再作打算。母亲仔细想了又想，采纳了马教授的建议，只带上我及行李从香港乘轮船先到越南海防。六叔受父亲之托前来海防接我们母子二人，然后再从海防走陆路前往昆明。经过多日的旅途劳累，终于在8月下旬到达云南。

父亲见到母亲和我平安抵达，十分高兴。转眼一看，发现母亲和我身边只有大包小包的行李，却不见了装书的四个箱子，连忙问四箱藏书流落何处，母亲只得将马鉴教授的建议告诉父亲。没想到，父亲非常恼火，埋怨说道："这一堆行李可以丢了，没有了那些书，我怎么教书呀！"父亲一生从未与母亲红过脸，为藏书一事，竟第一次对母亲发了脾气。当时，我年纪尚小，不明白大人之间发生的事，长大后，才从母亲口中得知此事。当然，父亲也知道国难当头，母亲也是不得已而为之。父亲后来曾数次通过信函与香港大学马鉴教授联系，终因战事绵绵，一直无法从香港取回藏书。太平洋战争爆发后，香港很快陷落，藏书更是不知去向。直到抗战胜利后，父亲才从盟军总部获知那一批藏书已被日寇劫走，正打算运回国内，物归原主。不料，时局又变，从此藏书不知流落何处。

1958 年，父亲身体每况愈下，深知自己时日已不多，便对母亲与我交代了遗言：

一是他去世之后要"叶落归根"，安葬到安徽怀宁老家；

二是将他多年收藏的珍贵文物、字画等，捐赠给安徽省政府；

三是要寻找被日寇劫夺的珍贵藏书，如果找回，一定要将藏书捐赠给安徽省图书馆。

遵照父亲生前遗愿，前两项，我在他辞世后都一一办到了。唯有寻觅藏书之事，我和家人数十年来一直在寻找，音信杳无。正值灰心丧气之际，在热心朋友的关心和支持下，我们近年意外觅得一丝线索，终于在台湾台北科技大学找到了父亲当年被劫的那批藏书（详见附录：刘明章《三伯父刘文典被劫藏书追踪记》）。

2012 年 3 月，我偕夫人以及三弟夫妇、四弟夫妇等，以旅游之名前往台湾（当时昆明未被列入赴台自由行城市，只能以旅游形式成行）。第一次到台北科技大学探寻父亲藏书，因时间仓促，仅查找到父亲藏书 200 余册，但这已经是莫大的惊喜了。毕竟，此时距离父亲藏书失去下落已有 70 余载！

2012 年 7 月，我和明章四弟约同安徽大学教授、安徽省文史馆馆员、《刘文典全集》主编诸伟奇先生一道，第二次赴台湾寻书、访书。此次台湾之行，我们仨系以赴马来西亚旅游之名绕道台湾，由于有著名古典文学专家诸伟奇教授的参与，再加上台北科大图书馆工作人员的积极配合，我们有充裕的时间将该校特殊收藏室的书籍尽数翻遍清查。经过近六天的清理，共找出父亲藏书 529 册，大部分具有重要的学术价值和文献价值。例如，唐代著名学者陆龟蒙撰写的《笠泽丛书》；清朝乾隆年间第一流经学和训诂学大师王引之撰写的《经义述闻》；乾隆年间著名学者、朴学大师、考据学一代宗师阎若璩撰写的《潜丘劄记》；近现代著名学者、辅仁大学陈垣校长亲笔题赠的《史讳举例》；北京故宫博物院原院长、著名金石学、考古学专家马衡先生所著并亲笔题赠的《石鼓为秦刻石考》；等等。尤其是，诸伟奇教授在父亲藏书中意外发现了尚未出版的《论衡》校注稿本——《论衡校注》未刊本。他非常高兴地说道："这个本子正是叔雅先生当年校订《论衡》的工作底本，亦即未出版的《论衡校注》手稿。历经七十多年的沧桑巨变，这部稿本居然还在天壤之间，真叫人悲喜并交，感慨万千！"

这里要特别指出的是，20 世纪 90 年代末，诸伟奇教授曾担任《刘文典全集》的主编，由安徽大学出版社、云南大学出版社联合出版，共出 4 卷。此后，鉴于又发现了一些父亲的著作，全集编委会决定编辑出版增订本。此项工作于 2010 年启动。我们第二次赴台湾之际，正值增订本工作接近尾声之际。有此意外发现，诸先生当即与我商量，让我向学校提出请求，将父亲的这部手稿借出，交《刘文典全集》增订本编委会。这样将会使增订本内容更加充分、更加丰富。我们在离开台湾前夕，向学校提出了这一想法，遗憾的是遭到了校方的拒绝。

我们并不泄气，回来之后，继续通过各种渠道、方式与台北科大保持联系，争取借出《论衡校注》手稿，尽快出版。诸伟奇教授数次通过网络和信函与台北科大联系，希望校方出借藏书。我也与校方多次商量，依然无果。一度，我甚至欲将对方诉至公堂。经过不懈努力，2013 年 2 月 6 日，台北科大副校长林启瑞教授给我发来一信函，称："已向姚立德校长确认，并已获姚校长首肯，将《论衡校注》（缺第一册）……请专家以原书复制一套，致赠台端与刘家子孙留存……期望本书能作为双方友谊永固长存之据。"此事后来又生颇多波折，直至2015 年 9 月，台北科大方将两套《论衡校注》的复制件委派专人送到安徽大学。其中一套送给安大留存，另一套由安大转交给本人。我们一家三代人数十年费尽周折、苦苦寻觅珍贵藏书的经历，终于画上了句号。

收到《论衡校注》复制件后，我当即与诸伟奇教授商量出版事宜。诸教授主动提出，由他编审整理这部珍贵的典籍。他本已退休，但依然为古籍事业奔忙不歇，对父亲著作的搜集、整理更是用力颇多。对此，我深受感动！

诸伟奇教授于 2017 年开始《论衡校注》的编审、整理工作。经过认真、仔细通读稿本，他指出："由于 1938 年后，刘文典再未接触过这部书稿，对校注内容已无法增删修改，其中自然存在一些不足和遗憾；尤其是由于稿本第一册的遗失，前三卷的校注内容及作者可能写于卷首的文字，笔者皆无从得知（平章按：父亲的稿本原是八册二十四卷，但不知何因，第一册三卷目前不知去向）。凡此都给今天的整理带来不小的困难，然先辈心血不容沦亡，吾人唯有勉力以行，尽量把辑补校点工作做好。"

几年来，诸教授为了"先辈心血不容沦亡"的信念，以极大的热情，倾注了大量心血，在百忙之中，对《论衡校注》进行编审、整理。其中难度最大的就是补辑稿本遗失的第一册共三卷。诸教授与他的助手们花了大量时间，查找晚清以来《论衡》各种版本以及现存主要版本，共查阅十六部之多，对稿本缺失的第一册三卷共十五篇，以通津草堂本为底本，参照其他学者校注成果，予以补齐，并按父亲原稿校注的体例进行补辑，可想而知，这是多么繁杂而又困难重重的"工程"呀！

在编审、整理过程中，诸教授发现父亲在稿本上的许多地方不仅写有大段大段的校注文字，在有的地方还将书页剪开，贴上写有蝇头小楷的宣纸，笔迹一丝不苟。通过系统整理，诸教授认为父亲此书，主要做了五个方面的工作：

一是广泛利用历代典籍，对《论衡》进行校勘考证。所利用的文献有经、史、集部等四十余部，凡与《论衡》内容有所涉及的，均多引用。

二是在校注中，从《论衡》本身的意旨、内容和上下文意、文例及字词的比较中，判定书中文字的优长之处。既重外证，又重内证。

三是参照清代著名校勘学者校释《论衡》的有关著作，并将其置于相应正文之下。

四是重视吸收众多校勘学者的成果，使之更加完善。

五是对全书施以新式标点，并适当分段。

目前，编审、整理和补辑工作已告终结，书稿已交中华书局。相信不久的将来，父亲这部流失八十余年的心血之作有望与读者尽快见面。

四、失而复得的"珍籍"：《庄子集释》批校本

自20世纪90年代起，我开始着手搜集、整理父亲的遗文、遗著，在安徽大学、云南大学鼎力支持下，由诸伟奇先生担任主编，陆续出版了父亲的全集、补编以及全集增订本。父亲生前所著的《淮南鸿烈集解》《庄子补正》《三余札记》《说苑斠补》等四部重要校勘著作，还另行出版了单行本。即便如此，还是不时有新发现。

2016年12月24日，云南大学在科学馆报告厅举办"纪念国学大师刘文典先生诞辰125周年学术研讨会"。出席研讨会的有北京大学、安徽大学、南开大学、武汉大学等许多高校的领导、专家、学者，以及多年来一直关注、研究父亲的热心人士。大家集聚一堂，共襄盛会。时任云南大学党委副书记张昌山教授代表学校在研讨会上发表主旨讲话。他说："今天，我们在这里纪念刘文典先生，就是要传承他的学问，弘扬他的精神。先生孜孜求真的学术品格、终身为学的献身精神和刚正不阿的学者风骨，正是大学精神的具体体现。"接着，他又指出："先生著作等身，成就卓著，享誉学林。有《刘文典全集》传世。先生的《淮南鸿烈集解》《庄子补正》等著作……早已成为学术经典，载入了学术史册……我们敬仰先生，我们怀念先生。先生是一盏学术明灯，照亮了书山学海的探索之路；先生是一面学术旗帜，激励着晚辈后学不断前行。"与会的各位专家、学者一道追忆、缅怀、纪念父亲，或回顾学府往事，或探究学问道术，或表达学术观点，或阐发学者情怀，以

责任担当传承薪火，努力为往圣继绝学，为国学开拓新境界。研讨会盛况空前，承续父亲之文脉，播扬父亲之精神。我及家人应邀参加了这一盛会，心情激动，久久不能平静！

在此次纪念父亲的研讨会上，我再次与原安徽日报报业集团旗下《新安晚报》首席记者、现安徽大学教授章玉政先生相见。章先生是国内最早为父亲立传的人。他曾在一本有关父亲的著作后记中写道："从2005年初次接触有关刘文典的书籍算起，至今已逾十年。十年只为一人痴，本来可以有更多的选择，但我却在刘文典研究领域流连忘返、自得其乐，亦是一种冥冥之中的缘分。"[①] 正是由于这"冥冥之中的缘分"，他十多年来投入大量精力研究父亲的人生轨迹和学术生涯，潜心搜寻有关父亲的种种信息，出版了多部有关父亲的书籍。2007年，他为撰写《狂人刘文典》一书曾来昆访问过我。此后，我们一直有密切联系，经常互通有关父亲遗文、遗著的新收获。这次会议期间，他又告诉了我一个好消息——父亲有一部鲜为人知的《庄子集释》批校本，数十年来一直收藏在昆明古籍书店。得此喜讯，我激动不已，可以说是参加此次研讨会的另一个意外收获。

父亲批校的《庄子集释》一直湮没无闻，不为世人所知。章玉政先生告诉我说，西南联大博物馆副馆长龙美光老师不久前在《藏书报》上发表了一篇文章，透露了父亲的《庄子集释》批校本收藏在昆明古籍书店的消息。龙美光副馆长很年轻，多年来一直从事西南联大大师群体研究，刚巧这次也应邀前来参加纪念父亲的学术研讨会。会议休息期间，我专门拜访了龙美光老师，从他那里获知了他发现《庄子集

---

① 章玉政：《刘文典传》，安徽大学出版社，2018年，第396页。

释》的经过：昆明古籍书店是云南省新华书店下辖的一家书店，专营古籍图书销售，同时又兼理古籍图书的收藏、修复、整理和出版等工作。由于历史原因，该店从1955年开业以来，几经开店、关店，直至2015年重新开门迎客。这些年来，书店为昆明收藏、保护了一批具有很高学术价值的古籍图书，是云南广大古籍爱好者的一个重要栖息地。受《藏书报》之托，龙老师慕名前往坐落于昆明南屏步行街的昆明古籍书店，了解该店古籍收藏、保护等有关情况。在此过程中，他发现店内有父亲批校的《庄子集释》，一函十卷八册，此前从未见有过载录。他将采访此店的经过，撰成了《昆明古籍书店：传统文化的栖息地》一文，刊登在《藏书报》上，并首次向外界披露了父亲《庄子集释》批校本尚存这一鲜为人知的消息。

我按捺不住激动的心情，第二天就约请章玉政先生、龙美光老师、云南大学杨园老师一道，专程前往昆明古籍书店，想一探父亲《庄子集释》批校本真迹。没想到，我们四人兴致勃勃而去，却吃了个"闭门羹"。书店负责人听说我们的来意后，答复说，《庄子集释》批校本确实由该书店收藏，但此书是"镇店之宝"，不可随意查看，刘文典家人也不行。我们只得悻悻而返。

此后，我多次前往昆明古籍书店，均遭到婉拒。我以为，前些年父亲留世的著作均已陆续得到出版，在台湾新发现的《论衡校注》也即将问世。如今，自然也不能让《庄子集释》批校本继续沉睡在古籍书店里了，而是应该千方百计设法予以出版，嘉惠学林。无计可施之下，我想到应尽快将此事告知云南大学张昌山副书记，请求他以云南大学名义与省新华书店协商，借出《庄子集释》批校本原件，以供出版之用。张昌山副书记对我的建议非常赞同，亲自出面与书店联系、协商，最终得到了新华书店的大力支持，同意借出批校本原件。与此同时，张昌山副书记又出面与云南美术出版社刘大伟社长商量印刷、出版等事宜。刘社长对出版之事非常热心，认为此事是云南学术出版界的一件大事，乐见其成。

在云南省新华书店的大力支持下，2017 年 7 月，张昌山副书记和刘大伟社长、赵文红副社长一道，前往昆明古籍书店，终于见到了父亲《庄子集释》批校本的真迹。经过协商，决定由张昌山副书记和刘大伟社长共同担任《庄子集释》批校本主编，由云南美术出版社立项组织影印出版。云南大学程俊睿、陈涛老师和硕士研究生杨重蛟同学投入大量精力，承担了书稿的扫描工作。美术出版社各位编辑认真研究确定出版方案，对缺损部分采取适当技术处理，力求保留批注本的原貌。项目实施过程中，在云南大学张昌山、韩杰、罗文江等数位教授的极力推荐下，出版社还将此书申报国家出版基金项目，获得资助。2020 年 6 月，经过出版社诸位编辑和工作人员的精心努力，父亲批校的这部尘封半个多世纪的《庄子集释》影印本终于完整地出版问世。

2020 年 7 月 15 日，是父亲逝世 62 周年纪念日。九三学社云南省委、云南美术出版社、云南开明文学院、昆明市文艺评论家协会等在云南省图书馆共同举办"《刘文典批校〈庄子集释〉影印本》首发式暨国学大师刘文典逝世 62 周年纪念座谈会"。九三学社云南省委李学林主委在会上致辞时表示："在我国现代教育和文化史上，国学大师刘文典先生具有重大影响……他为云南留下了许多弥足珍贵的文化遗迹和精神财富。"作为影印本的主编，张昌山副书记和刘大伟社长费尽心力，功不可没。在纪念会上，他俩还对昆明古籍书店的收藏之德和龙美光副馆长的发现之功深表谢意。

会议期间，古籍书店的代表满面虔诚与肃穆，在会议主席台上打开一个黄色锦缎包裹，一套泛黄的八卷本《庄子集释》批校本次第展开，进入与会者眼帘的便是父亲的《庄子集释》批校本原稿。看到眼前一本本保存完好的古旧线装书（仅第一卷因时间久远，封面稍有破损），我激动得热泪盈眶，思绪万千。抗战军兴，父亲"浮海南奔"，只身逃难来到云南。原来我只知道他随身携带有《庄子补正》的书稿，而其他藏书、手稿则滞留北平，何曾想他竟然将《庄子集释》也一直带在身边。值得庆幸的是，这部重要典籍如今仍保存完好，而父亲二十多年心血的结晶《庄子集释》批校本也已如愿出版。我以为，这是一件十分值得庆幸之事。

《庄子集释》是清代著名学者郭庆藩关于《庄子》校注、考释的经典之作。郭庆藩（1844—1896），湖南湘阴人，出身于书香门第、显贵家族，自幼受到良好的启蒙教育，秉承家训、颖敏好学，博览群书，传其家学。他精密校订《庄子》本文，既能辨析古本异文正误，又揭示出一些前人未知的讹误；既精心辑录旧注，又对前人的校注进行补充。因此，他集释的《庄子》一直是近代学者进行《庄子》研究的重要读本。

20世纪20年代初，父亲着手庄学研究，开始批校《庄子》。而翻开装帧典雅、古朴大气的《庄子集释》批校本，方知父亲最迟在1926年就开始对郭庆藩的《庄子集释》进行研究和批校，前前后后长达20年之久。在批校本上，父亲的批语、校注随处可见，短则十余字，长达数百语、上千字，皆以蝇头小楷工整书之。据统计，父亲写下的批校文字共有1190余条。

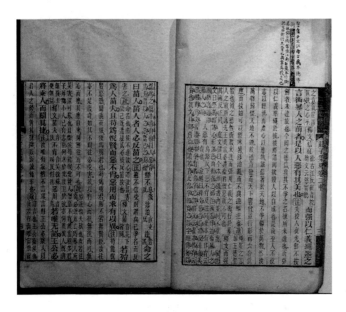

刘文典写在郭庆藩《庄子集释》上的批注

安徽大学诸伟奇教授因忙于国家社科项目验收，不能与会，但专门撰写了《刘文典批校〈庄子集释〉本的重要价值》一文，指出批校本至少有三项学术成就：其一，批校本"广校众本，征引宏富"。除了郭庆藩《庄子集释》引用的资料外，还引用敦煌古钞本、道藏注疏本等多家注疏《庄子》的资料，以及《太平御览》《初学记》等多种类书；对近现代学者王念孙父子、章太炎、刘师培、马叙伦等人批校《庄子》的成果，更是重点征引，有时还稍加评说。其二，"厘定是非，确凿不移"。文章指出："批校本与《庄子补正》几乎同时进行……从内容上考察，有一大半与《补正》相同，但表述文字不一样；还有一些是《补正》未讲，而只在批校本上讲了，特别是含有论说的那一部分。……对前人的一些错误，即便是他素来尊敬的名家王念孙，他也敢于在文中指出其非。"其三，"融汇中西，胜义叠出"。限于体例，《庄子补正》未有注解和论说的内容，而《庄子集释》批校本虽以校勘考证为主，但亦间有对《庄子》的论说，如在批校本里，还引用了希腊哲人的论说。可以看出，父亲对庄子所提倡的物我合一、万物齐一的论说是充分肯定的。诸伟奇教授在文章中指出："《刘文典批校〈庄子集释〉影印本》，作为国家出版基金项目，于今年年初由云南美术出版社出版，这是庄学研究也是刘文典研究的一件大事。这部书，既是刘文典对《庄子集释》的批校，也是他对《庄子》校勘和研究的手稿，具有重要的研究价值和极其珍贵的文献价值！"[①]

五、笔记体治学心得：《三余札记》

《三余札记》是父亲的一部比较特别的著作。它既是一部校勘著作，又是一部笔记体著作。成书时间前后延续达二十余年。1928年9月，《三余札记》一、二卷出版；10年之后，三、四卷出版。

所谓"三余"，是借用东汉时期学者董遇"读书三余法"的提法，是谓"冬者岁之余，夜者日之余，阴雨者晴之余也"。古人所言"三余"，意即一切空余时间。父亲将书名定为《三余札记》，亦指此书是利用一切空余时间写下来的校勘札记。

父亲在校释完《淮南子》《庄子》《论衡》等经典古籍后，发现其中依然有未发现的瑕疵，又或对某些问题有了新的见解，一时不能在成书中加以修改、补充和完善，遂都记在了《三余札记》之中，包括《淮南子校补》《庄子琐记》《韩非子简端记》《吕氏春秋斠补》《论衡斠补》《读文选杂记》等，皆校释精审，考证详密，广征博引，信而有征。

---

① 诸伟奇：《刘文典批校〈庄子集释〉本的重要价值》，在《刘文典批校〈庄子集释〉影印本》首发式暨国学大师刘文典逝世62周年纪念座谈会上的书面发言，2020年7月8日。

刘文典自藏《三余札记》
现存于台北科技大学

据统计，《淮南子校补》共记 167 条、《韩非子简端记》73 条、《庄子琐记》35 条、《吕氏春秋斠补》48 条、《论衡斠补》54 条、《读文选杂记》76 条、《淮南子逸文》29 条。

特别要指出的是，我国众多经典古籍在千百年流传过程中，其中的词义、语义和读法，随时间的推移都不断在发生变化。因此，要想理解原来的词义、语义和读法，就需要对相关的字、词用通俗的语言来解释古代汉语中字词的含义。这在校勘古籍时被称作"训诂"。父亲在《三余札记》中就使用了不少训诂的方法，在校勘中训诂，以训诂服务于校勘，俾后世学者能"读懂"经典古籍。

可以说，《三余札记》的每一条札记，都是一篇说理透彻、结论可靠的学术论文，对后世学者的校书方法、治学门径等，亦有较高的借鉴价值。

六、精审前人校勘之作:《说苑斠补》

《说苑》是我国古代的一部重要典籍,由西汉著名文学家刘向(约公元前 77 年—前 6 年)所撰,原 20 卷,后仅存 5 卷。刘向,汉朝宗室大臣,好儒学,能诗赋,学问渊博,奉诏主持校理皇家图书期间,整理五经秘书、诸子诗赋 20 余年,对古籍整理和保存作出巨大贡献。

《说苑》其实是一部历史故事集,处处体现着儒家"修身、齐家、治国、平天卜"的基本思想,兼有道、墨、法家的主张,内容涉及忠君爱臣、敬天保民、尊贤斥佞、知恩图报、奖功罚罪、加强休养、不辱使命、修文尚乐、戒奢崇俭等,十分丰富。刘向编撰《说苑》,旨在以古鉴今,把它作为"谏书",其中不无渗透着他的政治志向。

《说苑》不仅在思想内容上具有重要价值,在表现形式上也别具特色。其一,以历史故事为主,杂以议论,兼有叙事的生动性与说理的深入性;其二,故事短小精悍,手法多元,以小见大,寓意深刻;其三,部分内容兼具寓言、神话色彩,极富大胆的想象力;其四,寓言简练传神,寓有哲理,不仅使得所描绘的人物活灵活现,而且还使得人物的内心世界纤毫毕现。整体而言,《说苑》包含了很多寓意深长的历史故事,"时至今日,我们仍可从中有所借鉴"![1]

《说苑》历经千百年的传抄、翻刻,脱误颇多。历代学者对这部典籍都有校注,如南北朝文学理论家、批评家刘勰,宋代文学家欧阳修、曾巩等,特别是到了清代,又有多位学者反复校释,但仍存在不少问

---

[1] 钟岳文:《〈说苑〉:旨在以古鉴今的一部"谏书"》,《月读》,2018 年第 11 期。

题。父亲在精审前贤之说的基础上，着手进行更进一步的校注。首先，广引先儒之说，然后反复推敲，是者从之，疑者阙之，非者否之，如他在按语中屡屡写道，"某说不确，今不从"；其次，广泛搜集宋本、元本等校注本，甚至还找到日本学者尾张关嘉纂注的藏本进行对勘，据不完全统计，此书征引的典籍达 70 余种；最后，不仅从音韵、句式等行文之法方面字斟句酌，而且运用训诂之法，借《说文》《尔雅》《方言》《释名》等训诂专著，推究正讹。①

　　父亲所著《说苑斠补》脱稿后，蒙云南大学校长熊庆来题签，1946 年作为"国立云南大学丛书"之一石印刊行。1959 年 6 月，云南人民出版社铅印刊行。

_____

① 《〈说苑斠补〉点校说明》，《刘文典全集》第三册，安徽大学出版社、云南大学出版社，1999 年，第 3 页。

第四章　中西沟通

　　1840 年以后的中国，国门洞开，西风东来，谈论洋务、讲究新学，逐渐成为一种潮流。近代科学知识也在这股历史浪潮的席卷之下进入中国。父亲早年跟随美国传教士开始接触西方近世科学，后又流亡日本，进一步打开了学术视野。他深深认识到，近世科学对于国家民族的振兴有着极其重要的作用。

　　1917 年，父亲进入北京大学从事国文、文学史等科目的教学工作。其时，在中国大地上，以陈独秀、胡适为代表的知识分子高举科学、民主大旗，掀起了新文化运动的高潮，唤起了人民大众的觉醒，推动了西方近世科学在中国的传播。父亲作为曾经的民主革命斗士，转身嬗变为新文化的拥护者、推动者，愈加重视对西方先进思想、先进理念的收纳，倾心研究西方近世科学，花费了大量精力翻译德国、日本等国的重要科学著作，给我们留下了一部部珍贵的翻译作品。这里重点介绍几部父亲代表性译作。

一、《灵异论》

1919 年 2 月，父亲在《新青年》第六卷第二号上发表翻译文章《灵异论》。这是德国科学家、思想家海克尔代表作《生命之不可思议》中的一章。

这个事，还得从新文化运动对旧文化的涤荡说起。1918 年 8 月，父亲为配合仲甫太老师对"有鬼论"的批判，撰写了《难易乙玄君》一文，反响很大。半年后，他又乘胜追击，翻译了《灵异论》，继续深入抨击"鬼神论"的虚妄。

《灵异论》是海克尔代表作《生命之不可思议》一书中的第三章（平章按：原书名《生命论》，几年后父亲将全书翻译完毕，更名为《生命之不可思议》）。在介绍翻译缘起时，父亲写道："这两年，国人因为精神的不安、政治的紊乱、生事的压迫，更加上缺乏科学知识，固执陈旧思想，所以群众心理，忽起变态，什么《灵学丛志》、心灵学、四秉、十六司、城隍、土地、四大元帅、玉鼎真人、盛德坛、先天道，百怪千奇，纷纷出现。科学昌明的时代，万不能容这种惑世诬民的东西来作怪害人。"接着又写道，"我看今日中国的思想界和欧洲的中古时代差不多，除了唯物的一元论，别无对证（症）良药……我所以发愤把 Haeckel（海克尔）的 Die Lebenswunder（《生命论》）和 Die Weltratsel（《宇宙之谜》）两部书译成中国话，叫那些好学深思的青年读了，好自己建立个合理的人生观、世界观，仗着纯粹理性的光明，去求他们自己的幸福。"

《灵异论》这篇文章立足于科学和理性的精神，将一度甚嚣尘上的迷信和非理性视为"人类的大敌"，对那些整天做着"不可知世界"大梦的人给予了有力的嘲讽与回击。这与《新青年》一直主张的科学精神如出一辙，对当时社会上盛行的巫术、迷信、灵学等逆流起到了有力的回击作用，彰显了近世文明的价值与意义。

二、《宇宙之谜》

1920 年 1 月，父亲在《新中国》杂志上开始连载译作——海克尔的《宇宙之谜》。

《新中国》创刊于 1919 年 5 月，自称"应新世界潮流而起"，积极宣传新思想和新文学，介绍国际形势和中国各方面现状，并积极翻译介绍国外的学术理论和思想。经常为其撰稿的人有邵飘萍、孙几伊、

《新中国》连载刘文典译海克尔《宇宙之谜》

胡适、高一涵、张厚载、朱谦之等，父亲也是其重要作者之一。

赫凯尔（Ernst Haeckel，1834—1919），今译作海克尔，德国著名博物学家。《宇宙之谜》于1899年正式出版，以生物进化论为基点，结合当时的科学发展水平，对宇宙的起源与发展、地球的起源与发展、生物的起源与发展、物种的起源与发展、人类的起源与发展、意识的起源和发展等进行了全面的描摹与勾勒，"是全面、系统、雄辩、实事求是、更加清晰地描绘出这一图景，从而给形而上学自然观以致命的一击"。[①] 列宁对此书有高度评价，"海克尔这本书的每一页都是给整个教授哲学和教授神学的这种'传统'学说一记耳光"。[②]

马君武曾以《赫凯尔一元哲学》为题，翻译过部分《宇宙之谜》，刊载在《新青年》上。陈独秀也对其部分章节进行了翻译。父亲翻译的《宇宙之谜》这本海克尔最重要的著作，于1920年1月起在《新中国》第二卷第一号上开始登载，连载至1920年8月第二卷第八号。令人十分遗憾的是，不知何因，此书连载到第5章之后就没有下文了。目前也没有发现父亲此译著的全稿。

三、《进化与人生》

1920年1月，父亲正式出版了他的第一部译著《进化与人生》。

《进化与人生》是日本著名生物学家、进化论普及者丘浅次郎的代

---

① ［德］恩斯特·海克尔：《宇宙之谜》，袁志英等译，《译者导读》，上海译文出版社，2014年，第9页。
② 中共中央马克思、恩格斯、列宁、斯大林著作编译局：《列宁全集》第18卷，人民出版社，1988年，第367页。

表作。丘浅次郎（1868—1944），生于日本静冈县，1886年进入东京大学攻读理科动物学科，后赴德国留学。回国后，先后担任东京高等师范学校教授、东京文理科大学讲师，在现代动物学方面颇有研究，其主要著作有《进化论讲话》《进化与人生》《生物进化论》等。

《进化与人生》这本书很特别，是依据生物学研究的最新成果来展开人生哲学的探讨。纵览全书，丘浅次郎从新兴生物学的基本要义出发，广泛联系社会与人生，全面诠释掌握生物学知识对于人类进步发展的重要性。丘浅次郎以浅显易懂的专业语言，在书中侃侃而谈，涉及哲学、教育、群体生活、民族、迷信等社会问题。父亲素来怀有"用生物学知识打破旧恶思想"的抱负，而丘浅次郎《进化与人生》一书的思想内容恰好与他当时的思想不谋而合，所以他选择将此书翻译出来。

此书中文版面世之后，受到当时许多读者的热捧。著名军事教育家蒋百里先生称赞父亲是"译书的天才"，将之纳入他所主持的"共学

刘文典翻译了多部日本学者丘浅次郎的进化论著作

社丛书"之中，由商务印书馆出版，先后再版共计六次之多。

四、《生命之不可思议》

1922 年 10 月，父亲翻译的《生命之不可思议》一书由商务印书馆出版。

《生命之不可思议》是德国博物学家海克尔的又一代表作，被海克尔自己称为"最后的哲学上著作"。海克尔早年在德国符兹堡大学和柏林大学读书，1857 年获医学博士之后游历欧洲和红海等地，进行科学研究，1865 年之后在耶拿大学担任教授兼动物研究所所长。他有关生物学、哲学方面的著作对人类社会有着深远的影响。鲁迅、陈独秀、胡适、蒋百里等人对之无不推崇备至。毛泽东曾将海克尔与黑格尔、马克思、恩格斯并列，将其誉为影响他世界观形成的四位德国伟人之一。

《生命之不可思议》是一部讲解生物、生命进化的通俗性著作。在书中，海克尔以通俗流畅而极富趣味的文笔，借助生物学的新发展事实，宣讲"进化的大旨，抨击宗教迷信"，对当时的读者无疑具有启蒙的积极价值。

父亲在译者序中称："我着手译这部书，是在三年以前，正当那《灵学丛志》初出版，许多'白日见鬼'的人闹得乌烟瘴气的时候。我目睹那些人那个中风狂走的惨象，心里着实难受，就发愿要译几部通俗的科学书来救济他们，并且防止别人再去陷溺。"可见，他选择译这本书，是有所指的。

这本书的译文有部分以《生命论》为题，在 1920 年的《新中国》杂志上进行了连载。《新中国》创刊号用整整的一个页面，专门推介父

亲的这部新译之作："德国哲学博士、理学博士、法学博士、医学博士
赫凯尔先生，为现代哲学界、科学界之斗星。所著《生命论》《宇宙
之谜》两书，总括万殊，包吞千有，举政治、社会、法律、哲学、伦
理上一切问题，皆以最新之科学、一元之哲学为根据，而下确当之解
决。其书译本至十余种，行销至数十万册，真书契以来所未有也。欧
美诸国曾受高等教育者，无不知有此两书，惟吾国尚未有译本，实为
学界之大耻。本社以一元哲学为救济吾国思想界之良药、科学精神为
民族发展之利器，特请刘叔雅先生取其原本译为华言，从本志第二期
起按期登载，想必为思想界所欢迎也。"后来受蒋百里先生的邀约，列
入"共学社丛书"出版。近年北京大学出版社重印了此书，改了个名
字——《生命的奇迹》，用的还是父亲译的本子。

五、《基督抹杀论》

1924 年 12 月，父亲（署名"狸吊疋"）翻译的《基督抹杀论》一
书，由北京大学出版部出版。

《基督抹杀论》的作者幸德秋水（1871—1911），是日本早期社会
主义运动的理论家和先驱人物之一，曾与堺利彦合译《共产党宣言》。
《基督抹杀论》是作者"十年以著述立身"的"最后之文章、生前之
遗稿"，也是其"最后一部战斗的无神论著作"[1]。1910 年 5 月，日本政
府以阴谋暗杀天皇为名，在全国实行大逮捕，将许多社会主义者、无

---

[1]　卞崇道遗著；吴光辉，陈晓隽编：《简明近现代日本哲学史》，厦门大学出版社，
2022 年，第 88 页。

政府主义者逮捕并予以起诉，幸德秋水即在其中，是谓"大逆事件"。1911 年 1 月 18 日，幸德秋水被处以绞刑。在监狱期间，幸德秋水"藉彼高而狭之铁窗送入微弱光线，耸病骨，呵冻笔"，完成了这部著作。

在《基督抹杀论》一书中，幸德秋水否定了基督是历史人物，论述了《圣经》是传说和虚构的产物，批判了宗教采取虚构历史、欺骗人民群众的伪善本质，从而有力地宣传了无神论思想。

父亲是一位无神论者，但他对基督教并不陌生。早年在合肥跟随加拿大籍传教士柏贯之学习英文时，他就曾接触基督教。从安徽公学毕业后，他到上海又进入一所教会学校读书，再一次接触基督教。但他对基督教义从来都不感兴趣，"我是不信鬼神、厌恶宗教的，看着英文的面上，勉强到礼拜堂里随着大众喊一声'亚门'，精神上很感苦痛的"。他后来两次赴日，拜读达尔文、海克尔、丘浅次郎等人的近世科学著作，更是豁然开朗，坚定了科学世界观。

20 世纪 20 年代初，国内兴起一股反对基督教的浪潮。世界基督教学生同盟计划于 1922 年 4 月在清华大学召开第 11 届大会，激起中国知识界强烈的愤怒与反对。1922 年 3 月，上海各高校的青年学生发起"非基督教学生同盟"，邀约志同道合者公开发布《非基督教学生同盟宣言》，斥责世界基督教学生同盟拟开的会议"为污辱我国青年，欺骗我国人民，掠夺我国经济的强盗会议"。很快，这股反基督教的大火烧到了北京，北京大学一批青年学生宣布成立"非宗教大同盟"并发表宣言。

或许是这股非基督教的运动引起了父亲的关注，他虽然没有参与具体的论战，但选择在此时将幸德秋水的《基督抹杀论》翻译出版，显然意在配合支持非基督教运动。

要特别指出的是，随着时间的推移，在对待宗教等相关学术问题上，父亲后来的观念少了很多激进的成分，而多了些许理性的色彩。1942 年 11 月，他撰写了《中国的宗教》一文，其中写道："世界上宗教虽多，最大的不过是耶稣教、佛教、回教。这几个大宗教都有很多的经典，很高的哲理。我虽不是某一教的信徒，也曾读过些经典。觉得都有是处，都是劝人为善的。所以都是很好很好的。世上确有许多人因为受了宗教的感化而努力行善，确乎有许多人因为信了宗教而不敢做恶。"不过，他也颇具见识地指出，"中国根本上并没有宗教这件东西，因为中国真读书明理的人都不需要什么宗教"，"中国人几千年来都是以理性为重的"。

六、《进化论讲话》

1927 年 11 月，父亲翻译的《进化论讲话》一书，由上海亚东图书馆出版。

翻译《进化论讲话》的动意始于 1926 年秋天。当时，父亲的老朋友胡适先生专门给他写信，"规劝我，奖进我，说我不译书是社会的一个大损失。这才又鼓动了我的兴致，重理起旧业来。其结果就是《进化与人生》出版七八年之后又有这部《进化论讲话》出版"。在翻译方面，父亲最佩服的人就是胡适先生。能得到胡适先生的来信夸赞，这令父亲十分高兴和激动，用他的话来说，"舒服得大热天跑山路后喝冰汽水似的"。

在"译者序"中，父亲交代了翻译丘浅次郎《进化论讲话》的初衷："我在十多年前认定了中国一切的祸乱都是那些旧而恶的思想在那里作祟。要把那些旧的恶的思想扫荡肃清，唯有灌输生物学上的知识到一般人的头脑子里去。关于进化论的知识尤其要紧，因为一个人对于宇宙的进化、生物的进化没有相当的了解，决不能有正当的宇宙观、人生观，这个人也就决不能算社会上的一个有用的分子了。因为被这一个牢不可破的成见所驱策，我就译出了几部通俗的生物学书，如赫凯尔的《生命之不可思议》、丘浅次郎的《进化与人生》之类。"

《进化论讲话》是丘浅次郎早期的生物进化论著作，在日本出版的时间比《进化与人生》早六七年，但是影响却比《进化与人生》更大一些。这是一本关于进化论的科普读物，内容丰富，涵盖面广，旨在立足于生物解剖学、发生学、生态学、分布学等领域的最新研究成果，向读者全面介绍进化论产生、兴起和发展的历史，以及其主要理论观点、学术流派，并专门论述了生物学对哲学、教育、伦理、社会和宗教等方面的深远影响，可谓是一部生物进化论的"小百科全书"。

父亲翻译作品一向以"忠实""流畅"为基本原则，既重视原著的精髓，又力求通过通俗而浅显的白话文语言，向读者生动展现西方近代科学的要义。著名文学家、翻译家、北京大学教授金克木先生在回顾少年时代读父亲翻译的《进化论讲话》时，曾感慨地说："书是通俗读物，译文是传统白话文体，一点欧化或日文化的句子都没有，比文言的《天演论》好懂多了。"

可以说，作为新文化运动的积极参与者与推动者，父亲在西方近代科学的翻译、推介和传播等方面，作出了不懈的努力，给我们后人留下了大量珍贵的译作，堪称是一位"中西学术之沟通"的新文化使者！

第五章　师生情深

一、尊敬师长

尊敬师长是中华民族优秀传统美德之一。数千年来，中华文明史记载了无数尊敬师长的佳话。《荀子·大略》称："国将兴，必贵师而重傅。"近代著名的思想家、政治家、教育家、国学大师梁启超先生曾言："片言之赐，皆事师也。"父亲一生师从陈独秀、刘师培、章太炎、谢无量等名师，受益良多。这里谈谈父亲与几位恩师之间的交往故事。

（一）陈独秀

前文说过，仲甫太老师是父亲在安徽公学时期的老师，也是他最为尊敬的师长之一。

仲甫太老师1879年出生于安徽省怀宁县一个书香世家，其父早殁，启蒙教育遂落在祖父陈章旭肩上。祖父学问深沉，为人精明能干，且

有非常独特的个性，对晚辈十分严厉，其暴躁的性格对仲甫太老师一
生影响极深。相较之下，对仲甫太老师的性格有深刻影响的另一个人，
是他的母亲，一位非常宽厚、温柔、善良的女性。1897年夏，十八岁
的秀才——仲甫太老师前往南京参加举人考试。在考场上，他见识了
应试秀才们的种种丑态，对千百年来读书人梦想的"学而优则仕"的
道路产生了反感，决计不再委身于科举考试，以两场白卷表达了对这
一制度的鄙夷，义无反顾走上了"叛逆之路"。最初，他信奉康有为、
梁启超等维新改良派的主张，但在戊戌变法失败后，血淋淋的教训又
使他猛醒。面对中华民族深重的灾难，他决计赴日本寻求救国良方。
1901年10月，他第一次到东瀛，广泛涉猎各种西方近代政治、文化学
说、文艺创作和社会理论等书刊，眼界大开，思想渐渐由"改良"转
向"革命"。1902年3月，他回到故乡，组织"安徽青年励志学社"，
与许多有志青年开始从事反清的革命活动。1902年9月，他再次赴日
本留学，结识了更多的热血青年，一度被所在的日本成城学校认定为
"清廷异端"，于1903年遭清朝驻日使馆强行遣返回国。之后，他在安
庆、芜湖一带从事反清革命活动。1904年，仲甫太老师在芜湖创办《安
徽俗话报》，利用报纸宣传反帝、反清的爱国思想。受李光炯之邀，他
进入安徽公学担任教习，以公学为阵地，以教学为掩护，联络江淮各
地有识之士和革命组织，共谋推翻清朝帝制。

父亲在安徽公学读书期间，与仲甫太老师结下了深厚的师生情谊。
仲甫太老师不仅向父亲传授知识，也积极引导父亲走上反清革命的道
路。1908年，父亲从安徽公学毕业，告别了仲甫太老师，但两人之间
的乡情师谊却一直延续多年。

1913年7月，李烈钧在江西湖口宣布独立，打响了讨伐袁世凯的

第一枪，是为"二次革命"之始。仲甫太老师迅即与安徽讨袁军总司令柏文蔚会商组织安徽讨袁军总司令部事宜，亲自起草了《安徽独立宣言》，不料遭遇胡万泰部叛变，只得向芜湖方向突围。到了芜湖之后，仲甫太老师对芜湖反袁驻军旅长龚振鹏按兵不动、没有积极投入到反袁斗争之中火冒三丈，直接闯入龚振鹏的指挥部，与龚发生冲突，大声责问龚"是何居心"，惹怒了龚振鹏。龚下令将仲甫太老师绑起，并扬言要就地枪决。父亲当时正与范鸿仙、张子刚等人一道，奔走在安徽讨袁一线，得知自己的恩师身处险境，心里万分焦急，立即与身在南京的柏文蔚取得联系，邀请柏文蔚赶到芜湖，出面解危。经过父亲等人的极力营救，仲甫太老师终于获救，脱离了危险。[①] 由此，父亲与仲甫太老师之间的师生关系更近了一层，变成了意气相投的革命同道。

"二次革命"失败后，父亲与仲甫太老师先后流亡到了日本。仲甫太老师应章士钊之邀，参加《甲寅》杂志的编辑工作，并在该杂志上以"独秀"为笔名发表一篇篇战斗檄文（平章按：独秀山是仲甫太老师家乡的一座山）。从此，"陈独秀"的大名闻名遐迩。父亲在日期间，一边追随孙中山先生，积极参加中华革命党的革命活动；另一边则应仲甫太老师之邀，加入《甲寅》杂志的作者队伍之中，为之撰写了《唯物唯心得失论》等文章。

众所周知，1915年6月，仲甫太老师回到上海，与几位志同道合的朋友办起了《青年杂志》，亲任主编，以实现启蒙国人、传播思想的革命抱负。同年9月，《青年杂志》第一卷第一号正式出版。由于与

---

① 高语罕：《参与陈独秀先生葬仪感言》，《大公报》重庆版，1942年6月4日第3版。

仲甫太老师之间一直保持着密切的联系，远在日本的父亲很快就成为《青年杂志》的早期作者之一，积极给《青年杂志》投稿，与仲甫太老师里应外合，为唤醒国民的觉悟而摇旗呐喊！

1915 年 11 月 15 日，父亲在《青年杂志》第一卷第三号上发表了译作《近世思想中之科学精神》，署名"刘叔雅"。这是父亲投给《青年杂志》的第一篇稿件。同年 12 月 15 日，父亲又在《青年杂志》第一卷第四号上刊载了《叔本华自我意志说》一文，介绍西方哲学家叔本华的生平、著作以及他人的评价等。《青年杂志》改名为《新青年》后，父亲依旧笔耕不辍，成为"新青年"阵营的重要成员。

1916 年 11 月，在袁世凯一命呜呼后不久，父亲从日本回到上海，受仲甫太老师之邀，担任《新青年》杂志的英文编辑，共同为新文化运动推波助澜。

1917 年 1 月，仲甫太老师应蔡元培校长之邀到北京大学任文科学长。《新青年》编辑部由上海迁到北京。在此情况下，父亲和刘半农、钱玄同等一批具有新思想、新观念的人，纷纷追随仲甫太老师，进入北京大学担任教授。经仲甫太老师推荐，父亲担任北大文理科预科教授兼国文门研究所教员。

在北大任教期间，父亲虽然渐渐远离了政治，但内心依然保持着革新的热情。1919 年 5 月 4 日，爆发了震惊中外的五四运动。在运动中，仲甫太老师紧密联系学生领袖，指导并推动运动向纵深发展。父亲也主动充当起"守夜犬"，与刘半农等人轮流在北大红楼值班，守护学生的安全。五四运动最终以学生和知识分子的胜利而宣告结束，但令人没想到的是，没过多久，仲甫太老师就被捕了。

事情的经过是这样的：6 月 11 日晚，仲甫太老师和高一涵、王星拱等人到新世界游艺场散发《北京市民宣言》。这份宣言是由仲甫太老师亲自起草的，提出了不抛弃山东经济权利并取消中日密约、将亲日派曹汝霖等 6 人免职、取消步军统令及警备司令、北京保安队改由市民组织并给予市民集会及言论自由等五条要求，惹恼了北洋政府。仲甫太老师被捕后，李大钊立即通过媒体将此消息向全国广泛传播，同时积极联系各方力量设法营救。父亲也是十分震惊，心想恩师有难，应尽快设法营救，当即与在北京的安徽籍同乡联络，商议营救方案。安徽旅京同乡会的负责人亦动员皖省各界采用致电、致函等方式，给官方施压，呼吁释放仲甫太老师。经过各界人士的共同努力，9 月中旬，仲甫太老师终于获释出狱。

出狱后，仲甫太老师依然时刻受到警察的监视，并不安全，于是索性离开原来居住的箭杆胡同 9 号，住进了东城脚下福建司胡同我们家里。据罗章龙回忆，"陈先生虽然出了狱，但随时还有再次被捕的危险，他不得不在刘文典先生家躲藏下来。李先生（平章按：即李大钊）为了他的安全，遂与同志们反复研究，最后征得陈先生同意，决定送他出京。……1919 年年底，李先生带了几个学生，与陈先生一起，都打扮成商人，雇了一辆骡车，趁着晨光熹微悄悄出城，由小路经廊坊前往天津。"由此，仲甫太老师平安离开虎口，顺利到达上海，踏上了新的革命征途。

北大教授、著名教育家、社会活动家马叙伦先生也回忆说，有一天，他忽然得到仲甫太老师身处险境的消息，因马家离我们家有十余里地，遂将电话拨打到离我们家较近的北大教授沈士远家里，请沈尽快赶到我们家，通知仲甫太老师迅速离开，以躲避北洋政府的抓捕。父亲得知后，立即协助太老师转移到安全的地方，躲过一劫。

听母亲说，1921 年中国共产党正式成立后，仲甫太老师担任总书记，有时候从上海来到北京，仍住在我们家里。记得母亲曾给我讲过一件事，数十年后的今天我仍记忆犹新：那是 20 世纪 20 年代初期，仲甫太老师将赴莫斯科出席共产国际的会议，需从北京出发。父亲看到恩师身带一个皮箱，里面装着许多珍贵资料，唯恐路上不安全，就让母亲送恩师去火车站。母亲为恩师手提小皮箱，两人一前一后前往车站，等恩师上了火车，母亲才将手提的箱子交给仲甫太老师，直到其平安离开北京。

父亲与仲甫太老师后来走的路虽有不同，但一直惺惺相惜，互有挂牵。1942 年 5 月，听闻仲甫太老师在四川江津与世长辞，父亲长长叹了口气，说道："仲甫是个好人，为人忠厚，非常有学问。但他搞不了政治——书读得太多了！"仲甫太老师辞世后，他的遗骸由其子运回老家安庆，安葬在北门外大龙山下。1958 年 7 月父亲离世后，本人也遵照他老人家的遗愿，于翌年将他的骨灰安葬在安庆北郊的大龙山麓高家山上，与仲甫太老师的墓地相距不到两公里。

父亲与仲甫太老师，在安徽公学相遇，在《新青年》结盟，在北京大学共事，最终又在故乡安庆相依相望，这大概也算得上是一种冥冥之中的安排吧！

（二）刘师培

刘师培太老师是赫赫有名的国学大师。在安徽公学，除了仲甫太老师之外，申叔太老师也算得上是对父亲影响较大的人，是父亲走上革命道路、从事学术研究的重要引路人之一。

申叔太老师 1884 年出生于江苏仪征一个书香门第，从小聪颖过人，记忆力极强，"为人虽短视口吃，而敏捷过诸父，一目辄十行下，记诵久而弗渝"。[1]11 岁那年，家里人曾取庭前凤仙花为题，命其作诗一首。万万没有料到，当天下午，他就一口气写了六十余首诗，到第二天竟足足写了一百首，一时成为邻里坊间的美谈。他 12 岁读完四书五经，18 岁乡试中举。未料想，翌年竟会试落榜，归家途中滞留上海，结识《神州日报》主笔王郁人，受其影响，渐生革命倾向。之后，又结识蔡元培先生、章太炎太老师等仁人志士，由此绝意场屋，投身"排满"革命，且改名"光汉"，致力于"攘除清廷，光复汉族"，成为"排满复汉"的一员干将。他所著的《攘书》，以雄辩文采鼓动反清，振聋发聩，当时还在湖州老家读书的钱玄同读到此书后，毅然剪去发辫，从此走上"反叛"的道路。其才情与豪气可见一斑。

那一个时期申叔太老师在报刊上发表了许多反清革命文章，直接署名"激烈派第一人"。后来因参与策划暗杀清廷大员的革命活动，受到清政府通缉。1906 年，他化名"金少甫"来到芜湖，任教于安徽公学。其间，这位饱学经儒的大师，利用各种机会向学生灌输反清"排满"革命思想，这对年轻的父亲产生了十分深远的影响，为他后来参加民主革命奠定了坚实的思想基础。此外，前面说过，申叔太老师见父亲读书狠下功夫，课余时间叫父亲到他家去读书。父亲后来在学术上以校勘古籍作为终生职志，与申叔太老师的影响、培养、教育是密不可分的。

令人唏嘘的是，申叔太老师原本是一位反清干将，但后来却背叛革命，从激进的民族主义者变为清朝贵族的附庸，有了无法抹去的历

---

[1] 支伟成：《清代朴学大师列传》，岳麓书社，1998 年，第 112 页。

史污点。进入民国后，申叔太老师生活穷困潦倒，十分拮据，身体健康状况也日益恶化。北大蔡元培校长念及他是一位通古知今的治学奇才，与太炎太老师在学术界并称"二叔"（平章按：师培太老师字申叔，太炎太老师字枚叔），于是聘其担任北京大学教授。这样父亲又与申叔太老师变成了同事。

申叔太老师在北大的日子并不好过。由于他过去的那段不光彩的历史，遭到许多人的诟病，大家多不愿意与他来往。父亲过去非常崇拜申叔太老师，但在他背叛革命后，也渐渐与之生疏了。有一年春节，申叔太老师对人哀叹道："连叔雅都不理我了！"父亲辗转听到此言，念及往日的师生旧情，急忙买了些礼物，前去登门拜见申叔太老师，并郑重磕头行礼。师生之谊，在父亲心里一直占有很重的分量。

1919 年 11 月 20 日，申叔太老师因身患重病，年仅 36 岁即不治身亡。父亲奉蔡元培之命，护送太老师灵柩回到故乡。

申叔太老师的叔父刘富曾在《亡姪师培墓志铭》中写道："岁在己未九月二十八日，三姪师培病殁京师，年甫三十有六也。时任大学讲席，大学校长蔡子民先生经纪其丧。翌年二月，命门人刘君文典为之归槥扬州，旅榇萧寺，待寒冬窆祖茔焉。"① 父亲租船将太老师的灵柩由运河送往其故乡、安葬于扬州西城郝家宝塔祖茔，以效尊师之礼。

父亲还参加了申叔太老师遗著的整理工作。申叔太老师弟子陈钟凡曾感慨道："生平精力，敇于著述，事变纷纭，匪所能悉。而以贫病故，不能亡情爵秩，时时为金壬牵引，致不退不遂，入于坎陷，非深

---

① 梅鹤孙：《青溪旧屋仪征刘氏五世小记》，上海古籍出版社，2004 年，第 92 页。

知先生者，孰能谅之？"①申叔太老师去世后，陈钟凡与父亲、钱玄同等人一道，对其著作进行搜辑、整理、校对后，一一出版，共计74种。

（三）章太炎

太炎太老师原名章炳麟，字太炎、枚叔，人们尊称他为太炎先生。1869年，太炎太老师出生于一个世代书香而后又遭败落的家庭。他从小受到严格的国学教育，具有深厚的经学根基，博学经史，精研文字、音韵、训诂之学，是近现代著名的国学大师。

颇有意味的是，他又是中国近现代史上一位传奇人物，具有难能可贵的书生风骨。他幼年受祖父和外祖父的民族主义熏陶，通过阅读反清"排满"书籍，不满于清朝的统治，由此奠定了贯穿其一生的华夷观念，形成极具个人特色的民族主义观。1894年中日甲午战争爆发，中国惨败，在深重的民族危机刺激之下，太炎太老师走出书斋，投身办报事业，宣传政治改革，支持维新变法。1899年东渡日本，为反清做准备。不久，返回上海，参与《亚东时报》编务工作，竭力主张"排满"，对改良派"一面'排满'，一面勤王"的做法进行了全面的批判，高举反清旗帜。1902年2月，他流亡日本，结识中山先生，与之成为莫逆之交。当年夏天回国后，继续从事反清活动，撰写《驳康有为论革命书》一文，指斥光绪皇帝为"载湉小丑，未辨菽麦"，并为邹容《革命军》作序，触怒清廷，被捕入狱，是为震惊中外的"苏报案"。1906年，太炎太老师获释出狱，被孙中山迎接到日本，主编同盟会机关报——《民报》，同时在东京开设国学讲习班。许多近现代学术

---

① 陈钟凡：《仪征刘先生行述》，《刘申叔先生遗书》卷首，1934年，宁武南氏校印。

史上响当当的人物，如许寿裳、钱玄同、周树人（鲁迅）、黄侃等，均是章门子弟。1908 年，父亲赴日本求学，经人介绍，也拜在太炎太老师门下，成为章门子弟之一。

父亲在世时，经常与我谈起他和太炎太老师的一些往事。从他的言谈中，我感受到父亲对太老师格外敬重。我家的客厅里，一直挂着太炎太老师的两幅墨宝，其中一幅是太老师赠送给父亲的楹联，上联"养生未羡嵇中散"，下联"疾恶真推祢正平"。父亲对之视若珍宝，一直嘱咐我细心收藏。他辞世后，这副楹联被我包裹在一堆废报纸中，几经磨难，得以幸存。2008 年安徽大学 80 周年校庆时，我将之赠送给学校，现存于安徽大学刘文典纪念室。

太炎太老师为什么要书赠这副楹联呢？这还要从 1928 年 11 月 29 日父亲在当时的安徽省会安庆与蒋介石发生冲突说起。1927 年 10 月，父亲受安徽省政府之聘，辞去北大教授之职，回到家乡参加安徽大学筹建工作。父亲与其他筹备委员一道，筚路蓝缕，克服重重困难，费尽周折，终于在 1928 年 4 月 10 日办起了家乡第一座高等学府，先是招了预科生，后来又招了本科生。他先后担任预科主任、文学院筹备主任，代行校长职权，主持校务工作，成了实际上的安徽大学首任校长。

父亲主持下的安徽大学，借鉴北京大学蔡元培先生的办学理念，主张大学校园要有自由、宽松的办学环境，提倡学术自由、人格独立，认为不能将学校办成官场，并一再声称"大学不是衙门"！

创办之初，学校一派欣欣向荣的景象。可正当学校步入正轨之时，却意外发生了学潮。1928 年 11 月 23 日，安徽大学隔壁的安徽省立第一女子中学举行十六周年纪念活动，安大百余名学生闻讯前往，准备"参观跳舞"，遭到拒绝，于是大打出手，捣毁礼堂，酿成风波。当

主持安徽大学校政时期的刘文典

时父亲并不住在城内，所以没能第一时间予以制止。后来，一女中校方向父亲提出交涉，要求将领头学生开除，但父亲觉得此事"内容复杂"，不宜在未将事情调查清楚之前，轻易开除学生。正在此时，南京国民政府主席蒋介石到安庆视察，听闻安庆学潮之事，召见父亲、女中校长和学生代表等人。

接见过程中，蒋要父亲惩办闹事学生。父亲为保护青年学生，"始终不承认严办学生"，并出言顶撞蒋介石，结果发生激烈冲突，遭到扣押。此事颇为传奇，后世传言很多，多为臆度或演绎之辞。其实当时的报刊多有报道，且有时人回忆文章，如国民党安徽省党部指导委员会秘书石慧庐写道：

　　据参加这个会的省党部委员们回来说：蒋当时盛怒之下，大骂安大学生代表们，骂了又坐下，稍停一下，站起来又开骂，训了学生一顿之后，转过来便责备两校校长。……蒋又转向安大校长刘叔雅大加责难，认为刘对学生管教无方。叔雅和蒋言语间颇有冲突，众皆色变。蒋即骂："看你这样，简直像土豪劣绅！"刘大声反骂："看你这样，简直是新军阀！"蒋立时火气冲天地骂："看我能不能枪毙你！"刘把脚向下一顿说："你就不敢！ 你凭什么枪毙我！"蒋更咆哮地说："把他扣押起来！"立时便有在门外的两个卫兵进来，把刘拖下。①

1963 年 3 月 10 日，父亲在清华大学时的同事、好友冯友兰教授致函云南大学历史系主任张德光教授，谈及父亲顶撞蒋介石之事："刘先生任安徽大学校长时，蒋介石到安庆，与刘先生谈某事不协。蒋怒说：'你革命不革命？'刘先生亦怒说：'我跟中山先生革命的时候，你还不知在哪里！'蒋把刘先生囚起来。刘先生在狱中说：'我若为祢正平，可惜安庆没有鹦鹉洲；我若为谢康乐，可惜我没有好胡子。'此刘先生亲告我者。"冯先生所讲的这段话，是父亲 1956 年到北京参加全国政协会议期间，与冯先生见面时亲口对冯先生讲的，应当是最真实的历史。

我后来听母亲说，父亲出事当天，被关押不能回家，她得知后，惊出一身冷汗，立即给蔡元培、胡适、于右任等人拍发电报，告知实情，请求他们设法营救。经过友人们的多方斡旋，最终蒋介石同意放人，电令安徽省政府："刘文典如果即时离皖，可准令保释。"就这样，父亲在安庆为家乡的高等教育辛勤工作了一年多后，被迫离开安徽。

---

① 石慧庐：《刘文典面斥蒋介石》，《安徽文史资料选辑》第 8 辑，安徽省政协委员会文史资料研究委员会，1982 年，第 227 页。

我还听说一件事，但无旁证，这里聊备一说。父亲从安庆回到上海，见到老校长蔡元培。从老校长处得知，国民政府准备更换教育部长，蔡元培向蒋介石推荐父亲担任。蒋介石没计较父亲在安庆顶撞他的事情，要父亲到南京面谈。但父亲不愿从政，遂在上海给六叔写了一封信，谈及此事，并称"只有终身的教授，没有终身的部长"。他在上海待了不长的时间后，回到北平，接受罗家伦的邀请，进入清华大学担任教授（平章按：据罗家伦《整理校务之经过及计划》显示，父亲在筹建安徽大学期间就已收到清华大学的邀请，"本已应允，以安徽大学坚留未能到校"）。

父亲当面顶撞蒋介石一事，轰动全国，震动了教育界。1931年，鲁迅先生以笔名"佩韦"在上海"左联"旬刊《十字街头》上发表《知难行难》一文，其中写道："安徽大学校长刘文典教授，因为不称'主席'而关了好多天，好容易才交保出外。"太炎太老师后来说，他在上海听到这一消息，非常高兴，逢人便说他有个好学生，敢于面斥蒋介石。1932年，太炎太老师到北平见张学良，劝他出兵，讨伐溥仪，一到北京，就派人到清华园找父亲。在西城的花园饭店，太老师见到父亲，高兴地用手摸摸父亲的头，说："叔雅，你真好！"[1]为了表扬他的这一得意门生，太老师扶病下床，挥毫题写了"养生未羡嵇中散，疾恶真推祢正平"的楹联送给父亲。上联是借三国时期著名思想家、文学家嵇康所著《养生论》，要父亲注意养生，保重身体，少吸烟；下联则借三国时期恃才傲物的祢衡击鼓骂曹的典故，夸奖父亲藐视权威、刚正不阿、大义凛然的义举。这副楹联是对父亲的人格与气节的最高

---

[1] 刘文典：《回忆章太炎先生》，《文汇报》，1957年4月13日。

礼赞。

我家中还有另外一幅太炎太老师的墨宝。据父亲生前对我说，抗战胜利后，他留在昆明云南大学任教。1951 年的一天，他信步走到学校附近华山西路上的一个旧书摊，偶然间发现书摊上正在出售太炎太老师手书的一幅书法作品。他心中甚为愕然，不知恩师的手迹为何流落街头？这幅墨宝因保管不善，已显破旧，但父亲还是决定买下。回到家后，父亲仔细观看太炎太老师的这幅真迹，写有这样一行字：

明灵惟宣　戎有先零

先零昌狂　侵汉西疆

汉命虎臣　惟后将军

张我六师　是伐是震

右赠汉武

章炳麟

太炎太老师的此幅墨宝辑录的是《昭明文选·赵充国颂》中的一段。赵充国是汉代一位将军，在抵御外族入侵中原时屡建战功。扬雄撰写此文，意在颂赞赵的丰功伟绩。太老师书赠的"汉武将军"，即北洋政府陕西都督陈树藩。1916 年，北洋政府授陈为"汉武将军"。估计应是考虑其职务、经历与汉代赵充国较切合，因而太老师手录此文以赠。

父亲对此幅墨宝视若珍宝，专程送到昆明著名的书画裱褙店——宝翰轩进行修复、装裱，而后挂在书房，日日如见恩师。父亲在世时曾再三叮嘱我，对于太炎太老师的这两幅墨宝，一定要好好珍藏，以作永久的纪念。

如今，我将太炎太老师手书的楹联捐赠给父亲主持筹建的安徽大学收藏，我以为是十分妥当的。至于太老师书赠汉武将军的真迹，则仍由我珍藏，以表达我们后人对太炎太老师的铭记，且将世代相传！

（四）谢无量

谢无量太老师是父亲在安徽公学就读的又一位恩师。无量太老师（1884—1964），四川乐至人，原名蒙，字大澄，号希范，后易名沉，字无量，别署啬庵，近代著名学者、诗人、书法家。民国初期，曾任孙中山先生秘书长、参议长等职。而后投身教育事业，在东南大学、上海中国公学等多所大学任教。新中国成立后，历任川西文物管理委员会委员、川西博物馆馆长、四川文史研究馆馆员、省政协委员、中国人民大学教授、中央文史馆副馆长等职。

1956 年 3 月，父亲赴京参加全国政协会议。会议期间，与同时参会的谢无量老师相遇，惜未畅叙。全国政协会议结束后，父亲绕道四川成都，到杜甫草堂考察，为写作《杜甫年谱》搜集资料。在蓉期间，他得知无量太老师也在成都，而我刚好也在成都工学院求学。一个星期天的早上，父亲提出要我陪他一道前往无量太老师府上，看望太老师。行路途中，父亲说，无量太老师早年随父母在安徽，曾在安徽公学任教，成为他的老师。公学一别，数十年未曾谋面，有幸在京不期相遇。"一日为师，终身为父"，他让我见到太老师后，一定要毕恭毕敬行跪拜礼。没一会儿工夫，到了太老师府上，父亲见到太老师，非常高兴，急忙上前行鞠躬礼，而我便按父亲叮嘱，向太老师行跪拜礼。此事一晃已过去六十余年，至今记忆犹新。父亲为师亦有四十余年，但他终生不忘师长的恩情，使我深受教益！

1958年9月，无量太老师惊悉父亲仙逝的噩耗，立即给母亲写来慰问信，关心父亲遗著出版及身后事安排情形：

秋华弟夫人礼次：辱损书，惊悉叔雅之丧，曷胜震悼！前年开会在京，尚得把晤，何意婴疾，遽行仙化，甚恸！承示有遗著数种，已经定约出版，当往访郑振铎先生，直其外出，次日专函与之，尚未得复。恐其系至京外参观，不过旬日即归，当再往询也。鄙意叔雅平日好古，著书颇沾溉士林，今既有遗文，自当使之早日传播，可否致函原订约方面，使向云大索取原稿付印，此自贤者之责，量区区亦以先观为快也。叔雅共有子女几人？从前未尝询及，闻将护丧还里，里中亦可安居否？都在念中，幸略告一二。量衰朽日增，感时叹逝，无可为意，远荷手翰，率先奉答，并望节哀慎卫，不宣。谢无量敬启。九、一七。

10月7日，无量太老师再次给母亲来信，讨论父亲著作出版事宜，关切之情，溢于笔端：

秋华弟夫人左右：九月廿三日惠教奉悉。叔雅遗书，有二种即将问世，甚为忻慰。郑公迄未得见，亦无复书。昨偶询文化部友人，以为文化部与大学极少联络，将著作调京付印之事，亦无先例，想郑公因此迟迟未复量书。盖出版社虽由部领导，对于出版事业，向由其自主，不加干涉也。故量

此刻亦未便促之。因思叔雅存稿既在校中，且与出版社有成
约，则出版社自能向校索取，似无待于部之着力耳。不省高
明，以为如何？并承平章世兄已毕业于四川工学院，即将分
发，自得善处，以家学渊源，所在必能克绍箕裘，不胜庆幸。
每读来翰，笔势俊逸，尤所倾羡，平日不省有所造述否？量
老病之躯，秋冬弥甚，日亲药饵，罕接人，徒玩岁愒日而已。
率复。诸惟葆摄，不一。谢无量敬启。十月卄日。

1956 年在成都期间，无量太老师曾撰诗一首，书赠父亲。这首诗
被吴宓先生记在他的日记里，现抄录如下：

送别刘叔雅（文典）

芝诺先传四本论，

惠施亦有五车书。

持君闳辩行天下，

濠上归来共看鱼。

芝诺是古希腊哲学家，惠施是战国时期名家学派代表人物，两人
都善于论辩。无量太老师应该是借此诗表达与父亲相见时讨论学问之
乐。如今，每每拜读无量太老师致母亲的慰问信和这首诗，我都能深
深体会到太老师与父亲之间的师生之情，惺惺相惜，情真意切。这是
多么珍贵的师生情谊啊！

二、爱生如子

唐宋八大家之一、著名文学家韩愈曾经说过："师者，所以传道受业解惑也。"19世纪美国著名思想家、文学家爱默生十分重视学校教育，曾精辟指出："教育成功的秘密在于尊重学生。"父亲从教四十余年，无论是在大学担任教授，还是在安徽大学行校长职，均能认真履行"传道受业解惑"的师者之责。同时，尊重学生，对学生关爱有加。数十年来，他的许多学生先后在报纸、杂志等媒体上刊发回忆文章，讲述父亲"传道受业解惑"或是关心、爱护和尊重学生的故事。我且试举几例：

华东师范大学中文系教授、当代著名词学家马兴荣先生，1950年考入云南大学中文系，1954年毕业。他在《怀念刘文典师》一文中写道："解放后我考入云南大学中文系，那时云大中文系最著名的教授是刘文典先生，当年在昆明有关他的传说很多，因此，一进校就很想见见他，但是没有机会。二年级时，他给我们班开'温李诗研究'，我真是非常高兴。……记得这学期有一次系里的八九位先生来听课，按教学进度，这天是讲李义山的《锦瑟》，刘先生先是讲了瑟是一种什么乐器，是二十五弦还是五十弦，然后讲李义山这首诗是以锦瑟起兴，不是咏锦瑟，并对种种旧说一一加以分析，认为都不可信。刘先生认为这是一首'无题'诗，是诗人李义山的晚年回忆，是自述感慨。下课时，我和坐在我旁边的叶德均先生一道走出教室，叶先生跷起大拇指对我说：'刘先生这两课讲得太精彩了。'三年级时，刘先生给我们班开'杜甫诗研究'，我担任课代表，我的毕业论文是有关杜甫的，因此系里决定由刘先生指导。这样，在我三、四年级两年中，我和刘先生的接触就很多了，真是受益匪浅。"在这篇文章的结尾，马教授颇为感怀地写道："刘先生逝世已经四十多年了，我离开云大也近五十年了。但是，刘先生在云大的住宅，刘先生的音容笑貌，刘先生的爱国、耿直，刘先生的博学，刘先生对我的教导，至今还时时浮现在我心间，难以忘怀。"

著名古典戏曲和小说研究专家吴晓铃先生在《忆刘叔雅先生数事》一文中写道："刘叔雅（文典）先生作为校勘学人师和对《庄子》《文选》有着特殊贡献的专家，我在北平是早已闻名的了。……在西南联合大学，我听过叔雅先生讲《庄子》……叔雅先生报告中给我印象最深的是解释《庄子》第二十七篇《寓言》里'万物皆种也，以不同形相禅，始卒若环，莫得其伦，是谓天均'的'天均'。他使用了一个西方哲学的用语，说：'均'就是 Natural balance 嘛！言简意赅，一语中的，不能不使人钦服。现在回味起来，觉得其味无穷。Natural balance 岂不就是大家经常长在嘴上的'生态平衡'么！老师宿儒的横通功力，后学者诚难望其项背，不愧被反将赐以'学术权威'之嘉名也。"

王彦铭 1941 年考入西南联大，后任云南师范大学教授。他在《刘文典先生的一堂课》一文中回忆道："大约在一九四三年秋，刘文典先生开了一门选修课《元遗山、吴梅村诗》。刘先生是研究《庄子》闻名的专家，开新课自然引起大家的极大兴趣，我也高高兴兴地选了这门课。可是好事多磨，刘先生一直因事请假。有一天，注册组门口的牌子上忽然出现刘先生上课的通知。时间定在次日晚上，地点在南区十号。我如期提前十多分钟就到了，教室里已经有十多个同学，以后又陆续来了几个。……刘先生讲梅村诗还是相当认真，整晚只讲了'攒青叠翠几何般，玉镜修眉十二环'两句。自然美和体态美有相通处，可以用自然美来形容仕女的美，也可以用仕女顾盼生姿来描绘山水之美。刘先生娓娓而谈，香烟袅袅，把我们引进诗情画意中去了。有时还使人操觚染翰，参与创作构思的感觉。……待到月亮已经升得很高的时候才下了课，门外公路上杳无人迹，不但没有汽车，连缓缓驶过吱哑发声的木轮牛车也不见了。四周一片寂静，路旁的尤加利树孤寂的站着，微风过处，伸欠着肢体，沙沙发响。月光清亮，公路的碎石路面仿佛用水洗过一般。我们热情地护送刘先生回去，他很感动，兴致勃勃地吟诵道：'李白乘舟将欲行，忽闻岸上踏歌声。桃花潭水深千尺，不及汪伦送我情。'他那安徽腔的普通话，微微摇曳，有时还带点颤音。在我的记忆中，《元遗山、吴梅村诗》似乎再也没有上过，那晚的一课也就成为绝响。"

1940 年毕业于西南联大的宋廷琛先生，1984 年在台湾《传记文学》第 44 卷第 4 期上撰写了《忆刘文典师二三事》一文，记叙了父亲月下讲解《月赋》的情景："有一天他老先生才上了半小时的课，讲完了上一课未完的文章，他突然宣布道：今天提早下课改在下星期三（农历五月十五日正值月满之期）晚饭后七时半继续上课。届时在校园内摆下一圈座位，听他老人家坐在中间讲解《月赋》，那是距离人类登陆月球四十多年前的事情，大家想象中的月宫是何等的美丽，所以老先生当着一轮皓月大讲其《月赋》，讲解的精辟和如此别开生面而风趣的讲学，此情此景在笔者一生中还是第一次经历到的。待学期结束后，文法学院也就迁往昆明上课，这种月下花间讲解《月赋》的情景，再也不可能旧梦重温了。"可见，这堂课给作者留下了终生难忘的印象。

张文勋教授 1948 年在云南大学就读文史系，毕业后留校任教。他是父亲的得意门生之一，留校后又成为父亲的同事，两人往来密切。1996 年，张文勋教授撰写《重拾起尚未忘却的记忆——受叔雅先生耳提面命的零星回忆》一文，从不同侧面回忆父亲的众多往事，比如父亲曾在课堂上谈及"诗是什么"："叔雅先生第一次在课堂上给学生讲'温李诗'，我怀着兴奋而又好奇的心情，准备听先生的高论。只见先生穿着半旧的长衫，端着一把小茶壶，慢步走进教室，登上讲台，坐在一把火腿椅子上，微笑着和同学们打招呼，但没有讲话，只顾喝茶，教室内安静了一会儿，先生才开始讲课，但没有直奔主题，而是问大家：'诗是什么？'稍停又说：'什么叫作诗？'众皆愕然，一时不能对答。先生笑着说：'诗者，观世音菩萨是也。'大家觉得茫然，困惑不解，请问其详。先生才慢慢解释道：'观世'就是要观世观物，要观察社会，观察事物，也就是我们今天说的体验生活。这是最主要的，像杜甫就是阅世很深的诗人。'音'就是说诗歌要有音乐美，我们中国用汉字写诗，要讲平仄，讲押韵，所谓调声协律，就是要有音乐之美。所谓'菩萨'是佛家语，就是'觉有情'的意思，写诗要对诗有特殊的悟性和情感，没有真情实感是写不好诗的。这三者是诗的三要素，缺一不可。经先生这样一解释，大家才恍然大悟，这样去解释诗，比西方诗学中的许多定义都全面而精辟。后来我本人随着学诗的深入，结合严沧浪的'以禅喻诗'的理论，对佛学也有一定的认识，才进一步感到借用'观世音菩萨'作为诗的定义，的确是一种'妙语天开'的'慧解。'"父亲给诗定义的这一"观世音菩萨"比喻，生动形象，在许多学生的回忆文章中均被津津乐道。

父亲热爱课堂，对学生的关心、爱护，更是贯穿其整个教学生涯。在各个不同的阶段，他对学生的学习、工作、生活乃至思想迷惑，都尽心尽力，甚至有些外校学生遇到困难，凡是找到他的，他也都会全力以赴。

（一）执教北京大学时期

父亲在北京大学任教期间，曾多次为学生的事找胡适先生帮忙。

1956年10月19日，父亲在《云南日报》上发表《我和鲁迅最后的一面》，回忆中提及的李秉中，就是他和鲁迅共同的学生。父亲与鲁迅先生是先后同门，鲁迅从太炎太老师学习在先，父亲随太炎太老师学习在后，不过在日本时两人未见过面，直到后来两人都到北大教书，常常见面，也有了一些往来。两人最后一次相见的地点是北京中央公园。那一天，刚好是他俩共同的学生李秉中喜结良缘的日子。李秉中，四川彭山人，自幼酷爱文学，1923年在北大中文系旁听，成为父亲和鲁迅先生的学生。两人对李秉中都颇为关爱，且一起帮过李秉中的忙。李秉中早年受教于清末秀才刘锡纯，深受器重。在其到北京之前，刘锡纯以所著六十回小说稿《边雪鸿泥记》相付，让他在便中卖给书局，聊以维持生计。李秉中到北京后，即开始奔走此事，而父亲和鲁迅都曾为之出力。据1924年1月21日鲁迅日记载："下午寄胡适之信并《边雪鸿泥记》稿本一部十二册。"鲁迅先生将此书稿送给胡适先生，经年未有消息，为此，李秉中又请父亲帮忙，父亲遂写信催促胡适先生："有学生李秉中做了部书，叫《边雪鸿泥记》，说是请你介绍售之商务，现已经年，未见下文，他很窘的，托弟向你一问，请你务必拨冗回弟一信，以便答复前途。"正是因为这份情谊，李秉中在1925年5月20日举办婚礼时，邀请父亲和鲁迅先生同时出席。这次会面，在鲁迅先生的日记及他给许广平夫人的信里都有提及。

（二）主政安徽大学时期

父亲在安徽大学主政期间，为保护学生而顶撞蒋介石，已广为传闻，但鲜为人知的是，在安大期间，他还不顾风险，保护了两位共产党员学生，使其免遭当局迫害。

一是中共早期党员俞昌准。俞昌准，安徽南陵人，1925 年在上海大学读书期间经恽代英介绍加入中国共产主义青年团，翌年转为中共党员。1926 年，俞昌准返回家乡，参与创建中共南陵县特别支部，秘密开展革命活动。1927 年 4 月，蒋介石发动"四一二"反革命政变，大肆剿杀共产党，在白色恐怖下，为隐蔽身份，俞昌准化名"陈青文"，考入安徽大学社会科学预科，但不久被国家主义派告密。1928 年 5 月 1 日，他在给父亲俞英俊的信中写道："男入校事，原已就绪，和声先生为作保证，已决定在校安心读书。奈事不遂愿，竟有国家主义派同学在学校当局前密告男有某党嫌疑，男闻讯之下毛骨悚然，转念大人对男之热望，又不禁伤心泪下。主任刘文典待男亦颇厚，彼表示男非退学不可，同时亦示歉意。"[①]父亲始终认为大学应该是一个能够允许不同思想碰撞、交流的地方，因而对拥有新思想的学生也是格外宽容。

二是学生王××（平章按：因时间久远，回忆者只记得姓王，名字不详）。那是 1928 年的一天，父亲接到国民党安徽省党部的一个通知称，发现预科二年级学生王××（江西瑞金人）是共产党员，要求学校对其严密监视。父亲接到通知后，立即将王××叫到办公室询问。

---

① 张正元：《碧血丹心照后人——俞昌准烈士革命事迹调查》，安徽师大学报（哲学社会科学版），1982 年第 4 期，第 30 页。

王××起初并不承认他是中共党员。父亲告诉他说，省党部有确凿证据，王××只得向父亲道出真实身份。父亲听后，感到王××倘若被当局抓捕，性命难保，便立即让学校校警丁某与王××回到宿舍，搜出有关秘密文件后，马上动员王××迅速离校，并派学校一工友将王××送上轮船，迅速离开安庆。王××走后不久，省党部便派人到学校搜捕，结果扑了个空。此事遂不了了之。

（三）执教清华、北大、西南联大时期

父亲离开安徽大学后，接受罗家伦邀请，到清华大学任教，同时在北大兼职。他有位北大学生叫许维遹，号骏斋，山东荣成人，在校期间成绩特别优秀，深得父亲器重。在父亲的指导下，许维遹开始整理《吕氏春秋》，用四年半的时间撰成《吕览集解》一书。书稿还没完成，父亲就帮助四处联系出版事宜。1931 年 2 月 23 日，他专门致函胡适先生："许骏斋所著《吕览集解》，考订甚精博，深盼兄为向商务介绍也。"4 月 12 日，父亲邀约胡适吃饭，再次谈及许著出版之事，据胡适日记记载："刘叔雅邀吃饭，谈许维遹君所编《吕氏春秋集证》的事。我劝许君把正文及注均加标点。凡整理古书，所以为人也，当以适用为贵。我主张五项整理：一校勘，二标点，三分段，四注释，五引论，缺一皆不可。"5 月 23 日，父亲又一次致函胡适，请其帮忙联系出版："我的学生许骏斋著的《吕览集解》，实在不错，在我的指导之下，有这样出品，诚可自豪。出版一节，务要请你帮忙。"5 月 25 日，父亲又在信件中提及："弟的集著偿还旧债和北大许生骏斋《吕览集解》出版，固均要仰赖吾兄之吹嘘。"父亲三番五次、不厌其烦向胡适求助，足见其对学生的提携与关爱之情。在父亲的多番努力下，此

书定名《吕氏春秋集释》，1935 年 10 月由清华大学出版发行。父亲还为此书写了序。值得一提的是，许维遹从北大毕业后，经父亲介绍，进入清华大学文学院担任中文系教员，后成为著名的汉语言文字家和古文献学家。

父亲甚至连学生家人的事都不嫌麻烦，出面帮忙。他在清华有位学生叫安文倬，家境贫寒，弟弟大学辍学后，工作一时没有着落。1931 年 5 月 25 日，父亲为帮助安文倬的弟弟安慕陶，又四处请托，并给胡适先生写信求助："尤急者，河南中山大学学生安慕陶，人极笃实，因家贫废学，困住此地，闻文化基金委员会要用书记，伊极愿就，此事弟已函恳洪芬先生，倘吾兄能与叔永先生帮忙说一句话，更是感同身受。安慕陶君之兄文倬是弟之学生，师生情谊极厚，故不避冒昧之嫌，专函奉恳也。"从此信中，可以深深感受到父亲与学生之间有着多么深厚的情谊，只因"师生情谊极厚"，便连学生弟弟找寻工作之事，也要提笔致信胡适先生请求帮忙！

抗战时期，父亲的一位得意门生陈福康有志上进，打算赴美国继续求学，但无自费留学的财力。1942 年 1 月 13 日，父亲专门给时任国民政府驻美大使的胡适先生写信，请他予以帮忙："弟现在有一件事拜托吾兄，务乞推爱留意，弟有得意弟子陈福康，江阴人，清华大学工学院毕业，其成绩之优异为师友所器重。弟往岁荐之孟余兄，派在粤汉路工作，六年以来已升至帮工程师，此人品学均佳，有志上进，原拟在路上工作数年，再到美国留学，以求深造，不意战事发生后外汇高涨，伊故乡居宅毁于兵火，已无自费留学之财力，仄闻吾国在美青年领事馆员多有半工半读、继续求学者，如有此等机会，务恳吾兄为之留心，倘荷玉成，感同身受。"父亲还细心地随信附上陈福康的履历和通信地址，字里行间，皆显真诚。

（四）执教云南大学时期

父亲从教四十余载，门下学生难以计数。而留下回忆文章较多的当属他在云南大学任教期间的学生。云南大学中文系教授杨一兵就是其中一位。

2009 年 11 月 25 日，《云大往事》刊载杨一兵教授所撰《我印象中的刘文典先生》一文，回忆大学二年级时选修父亲"温李诗"的种种情形。在杨教授的笔下，父亲是一派中式学者的儒雅风范："1951 年我大学二年级时选修刘先生的'温李诗'（研究温庭筠、李商隐的诗）。刘先生身体瘦弱，戴副眼镜，外罩长衫，脚穿剪刀口布鞋，一派中式学者的儒雅风范。"随后，又写到父亲课堂教学的风采：

> 刘先生上课是坐着讲，和学生侃侃而谈，旁征博引，仔细考证，深入诠释。记得他讲"桃花灼灼，杨柳依依"就讲了两节课。他在课堂上说，学生不要唯老师的话是听，要独立思考，也不要囿于一家之见，要广泛阅读，博采众长。

杨一兵颇受启发，便到图书馆和新华书店查找有关资料阅读，并且做了重点笔录，写了心得体会。期末考试，"温李诗"这门课的考题是《试评温李诗》。题目很宽泛，不好着手，杨一兵结合平日所读、所学、所思，着重分析了二位婉约派诗人典丽工巧的艺术特色。过了几天，卷子发下来了，竟得了 96 分。在刘先生门下能得如此高分，这令杨一兵久久难忘。

又过了几天，文史系助教吴进仁先生来找杨一兵，说父亲认为她的试卷答得很好，想见见她。于是，在吴先生的陪同下，杨一兵来到云大枇杷园我的家中与父亲见面。杨一兵一进门，父亲就热情地给她倒了一杯茶，并询问了她家庭和个人的基本情况。叙完家常之后，父亲便着重谈起学习问题，说："你在试卷上不是死记硬背老师所讲的东西，而是谈出自己的见解，因此给你高分。"又说，"在大学要打好基础，不能偏科，各门课都要好好学。选修课要选自己爱好的，选有专长的老师教的。"他还打了个比方，"金字塔的底座非常宽阔厚实，才能砌得高，砌得尖。"

这一次见面，给杨一兵留下了终生难忘的回忆："此后，一位学识渊博、慈祥和蔼、爱护学子、循循善诱的长者、大师的形象就深深印入我的脑海，至今鲜明不忘。"

云南大学中文系还有一位父亲的得意门生，就是上文提到的吴进仁先生。吴先生也曾经是我的课外辅导老师，曾利用课余时间辅导我学习语文、算术等课程长达半年时间，让我从小学连跳两级，顺利考入南菁中学。所以几十年来，我一直尊称他为"吴先生"。

吴先生是安徽桐城人，与我们是安徽同乡。桐城文风昌盛，他自幼接受传统文化熏陶，好学上进，1935 年离开家乡，到外地求学。日寇侵华后，他一直颠沛流离，在流亡中继续刻苦求学，先后到湖南、贵州等地读书。1945 年来到昆明，考入云南大学文史系。吴先生入学后，以深厚的古文功底受到著名教授罗庸先生的赏识。

经罗庸教授介绍，吴先生又见到同是安徽人的父亲。一见面，父亲就"考"吴先生的古文功底。吴先生有着惊人的记忆力，三万多字的《孟子》，他能一口气背出来，约十八万字的《左传》，他也能背出大部分篇目，当时大约可以背十万字的样子。父亲了解到他艰辛的读书经历，又见其古文功底扎实，便对这位小同乡十分欣赏，有意在学业上对他精心栽培，在生活上给予关怀和帮助。

吴先生从此立雪"刘"门，终生奉其教席。吴先生曾在口述回忆文章《叔雅先生》中谈道："在我的一生中最难忘怀并且对我影响最大的老师，无疑就是刘文典（字叔雅）先生了。我 20 世纪 40 年代在云南大学文史系读书，曾师从叔雅先生学习《说文解字》，毕业留校后又同在文史系教书，直至先生去世，相交十余年。回首往昔，先生的音容笑貌宛然于心。"

在父亲与吴先生的交往中，我印象深刻的有两件事，充分表明父亲对吴先生的关爱，令之终生难忘：

第一件事是"一张名片救进仁"。1949 年 9 月 9 日晚，为清查共产党人，国民党在昆明发动"九九整肃"，派出 100 多名军统特务，在全市大肆搜捕。一夜之间，400 多名中共地下党员、进步师生、民主人士落入魔掌。国民党宪兵也跑到云大校园里抓人。当时吴先生刚刚毕业，但仍住在云大校园里，结果被当作中共党员，遭宪兵抓捕，投入囚牢。父亲得知后，心里十分焦急，连忙赶到翠湖边洗马河畔的昆明警备司令部，对站岗的卫兵说"我要见你们的司令"，并将名片交给一个卫兵。不一会儿，司令部里走出一位军官，对父亲说："刘教授，司令请你进来！"见到警备司令后，父亲言辞坚定地解释道："吴进仁是我的学生，不是共产党，请你们放人！"经过父亲与警备司令的交涉，第二天，吴先生就被释放了。得知这一消息后，父亲笑着对母亲和我说："想不到我的一张名片，上面只有七个字，'刘文典·安徽合肥'，竟能救出进仁！"母亲和我听了，也很是开心。

　　第二件事是"作诗四首贺新婚"。1951年中秋节，在云大任教两年后，吴先生与昆明知名人士、父亲好友孙乐斋的三女儿孙孝章喜结良缘。这门亲事是在父亲和母亲的关心、撮合下，由母亲牵线做媒促成的。父亲为祝贺两人新婚，特地作诗祝贺。贺诗如下：

英俊潘郎得意初，高才谢女擅诗书。

清光三五团圞夜，玉润珠圆月不如。

二

鹤舞鸾吟下凤城，玉阶月色净无尘。

试看天上姮娥影，始识神仙剧有情。

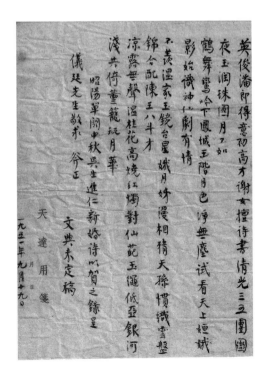

刘文典贺吴进仁新婚诗稿

三

不羡温家玉镜台，星娥月姊漫相猜。

天孙惯织云盘锦，合配陈王八斗才。

四

凉露无声湿桂花，高烧红烛对仙葩。

玉绳低亚银河浅，共倚薰笼玩月华。

关于这四首诗，我曾专门恭请吴先生的堂侄、安徽安庆师范大学中文系主任吴毅安教授作了解读："壬辰之年中秋佳节，在春城昆明，一对才貌俱佳的年轻人走进了婚姻殿堂。新郎新娘像潘安、谢道韫一样，英俊貌美而又才华横溢。仙鹤凤凰飞来为他们翩翩起舞。十五的圆月，比不上这姻缘的圆满；月中的嫦娥，也会羡慕他们的幸福生活。在这花好月圆之夜，室外的桂花香飘悠远；新房中高烧的红烛，照着这一对神仙伴侣。他们的美好佳话，像温峤和刘倩英的故事一样在人间广为流传。"

父亲还填有一阕词送给吴先生，词曰：

鹧鸪天·写示进仁老弟

潋潋清溪水半篙，平芜一抹和烟描。茂林修竹谁家院，

高柳长堤第几桥？

词半阕，烛三条，吟髭捻断费推敲。凭将无限潇湘意，

付与春江上下潮。

据我所知，父亲为学生作诗填词，仅此一例，足见父亲与吴先生的师生情谊是何等深厚。

（五）保护外校学生

父亲除了关爱、保护自己所教的学生之外，对于一些遇到困难或危难的外校学生，也会伸出援助之手。

1940 年 2 月 12 日，父亲在西南联大任教期间，得知迁设此地的国立中正医学院有两位学生叶绍淇、宁锡霖因闹学潮面临失去继续学习的机会，便亲笔给王子玕院长写信，请求学校准予他们"继续肄业"，并表示愿意为两人担保。父亲生前从未与母亲和我谈及此事。数十年后，本人在搜集、整理父亲生前遗著的过程中，偶然读到这封信，心灵受到极大的震撼。叶、宁两位学生为何受到院方的处理？父亲为何要恳请中正医学院院长收回成命让叶、宁两位学生"继续肄业"？因无更多资料佐证，具体细节已不可知。但是，从父亲的信函之中，却能读出他关爱青年学子的拳拳之心。在父亲心中，只要学生愿意改错，继续完成学业，就应尽力成全，因此不惜以自己的名誉作担保。

1947 年 5 月 20 日，在国民党统治区内，爆发了以"反饥饿、反内战、反迫害"为中心口号的爱国学生运动。全国 60 多个城市的学生纷纷举行罢课、游行、示威等爱国行动。云南大学的青年学生也积极投身其中，引起了国民党当局的疯狂反扑。许多学生遭到当局逮捕，被关进监狱。父亲与学校部分教授为保护这批被捕学生，联名致函云南省政府主席卢汉、云南省警备总司令何绍周等人，要求当局立即释放或从轻处理在押学生。此事在社会上引起广泛强烈反响。在各方面压力之下，当局很快释放了大批被捕学生。

以上数例，仅是我多年搜集到的一部分资料，但已足见父亲对青年学生的殷殷关切之情。

第六章　家国情怀

在过去很长一段时间里，只要提起父亲，人们大多知道他是一位著名学者，一位大学教授，尤其是他顶撞蒋介石的过往，至今仍为人所津津乐道。然而，他心怀天下、忧国忧民的爱国情怀，却鲜为人知。

纵观父亲的人生经历，青少年时代他就是一位热血青年，早年加入同盟会，之后又追随中山先生参加中华革命党，积极投入反清民主革命的洪流之中。正如香港著名学者陈万雄所说："作为辛亥革命运动的党人的五四时期新文化运动的指导者，个别人物如蔡元培、陈独秀、刘叔雅、潘赞化等在辛亥革命中，在革命力量的组织、革命行动的推动上有较大的贡献。"[1]

虽然说在袁世凯倒台之后，父亲就进入北京大学任教，从此开始了长达四十余年的课堂教学与著书立说生涯，"较疏离于日趋实际组织

---

[1]　陈万雄：《五四新文化的源流》，生活·读书·新知三联书店，1997年，第57页。

军事力量以图起事的革命主流力量"，但他内心忧国忧民的爱国情怀却从未消退，抗战时期更是愈燃愈烈，成为学生心目中最爱国的教授之一。

一、奉安纪念，恭撰碑文

孙中山先生是伟大的民族英雄、伟大的爱国主义者、中国民主革命的伟大先驱，一生以革命为己任，立志救国救民，为中华民族作出了彪炳史册的贡献。他首举反帝反封建的旗帜，"起共和而终两千年封建帝制"，真正做到鞠躬尽瘁，死而后已。1925 年 3 月 12 日，中山先生病逝于北平，灵柩暂厝于西山碧云寺。1929 年 5 月，南京中山陵建成后，中山先生灵柩从北平迁往南京中山陵奉安。

奉安大典前，北平广大市民得知中山先生灵柩即将南迁的消息，纷纷请求在中山公园内修建一座纪念先生的永久纪念碑。中山公园前身为明、清两代皇帝祭祀土神、谷神的社稷坛，1914 年改建为公园，初称中央公园，是北平城内第一座公共园林，也是父亲经常休闲、读书的地方。1925 年中山先生逝世后，曾在园内短暂停放灵柩，并向社会各界开放公祭。1928 年，为纪念中山先生的历史功勋，改名为中山公园。1929 年 5 月，经北平市政府批准，由北平总工会、农民协会、妇女协会、商民协会和学生联合会五个团体发起，在中山公园内修建一座"总理奉安纪念碑"。该碑设于习礼亭以北、马路以南，与南坛门相对，于同年 6 月 30 日举行落成典礼。父亲时任清华大学教授，早年又曾追随中山先生革命，主事者遂邀请他为纪念碑恭撰碑文。

父亲怀着对中山先生无限敬仰的心情，欣然命笔，撰写了孙中山先生奉安纪念碑碑文，碑文共 594 个字，以华丽的骈文，尽数中山先生"秉圣善之姿，恢文武之业，攘逐胡清，肇造诸夏"的功业；盛赞中山先生"至明如日，至德配天"的才德；感叹中山先生"遂举元功，安民建国"的伟绩。碑文义辞回肠荡气，情深意切，被时人誉为"典雅有加焉，知其才力突过古人矣"。①

令人扼腕的是，七七事变后，日本侵华战争全面爆发。中华民族遭遇了一场惊天浩劫。1938 年，鉴于时局动荡，纪念碑由公园拆下收藏，但日本侵略军认为这块碑文有抗敌意义，遂将之从中山公园劫走，并令人发指地将纪念碑上的碑文抹掉，改成纪念日寇阵亡将士纪念碑，立于卢沟桥旁。日寇如此作为，不仅是对中山先生的莫大亵渎，也是对我中华民族的极大侮辱！

那么，日寇为何视孙中山先生奉安纪念碑的碑文为眼中钉、肉中刺呢？我一度百思不得其解，后来请教安徽省古籍办原主任、《刘文典全集》主编诸伟奇先生，才略明白一二，原来父亲在碑文中除了尽数中山先生的丰功伟绩之外，还颇有意味地写了这么两句：

> 犷彼东胡，僭盗十代；
> 基属国护，引弓日戒。

短短十六个字，寓意深刻，其含义是：凶猛强悍的东边敌人（指日本），经历十代，长期准备（妄图侵略我国），我们应该专注于基础，保卫好国家，加强军备，时刻警惕东边的日本。父亲以他对日本历史

---

① 刘文典：《大元帅孙公诔》，汪吟龙注，《重华月刊》，1931 年第 1 期，第 126 页。

的透彻了解，借碑文提醒国人，务必警防日本侵略中国的野心！

二、群雄并驱，国魂不死

19世纪末20世纪初的中国，国势陵夷，无数仁人志士为救国救亡进行着不屈不挠的殊死斗争，谱写了许多可歌可泣的爱国诗篇，涌现出了一批又一批永垂青史的革命英烈，如范鸿仙、张汇滔、唐淮源等。他们有的是父亲早年的革命盟友，有的是父亲景慕的民族英雄，父亲为他们写过悼文或碑文。

范光启，字鸿仙，别名孤鸿、哀鸿，1882年出生于安徽省合肥市郊北乡。范鸿仙自幼家境贫困，但聪颖好学，"日仗剑而夜挑灯，手不释卷，及长，淹通书传，学兼新旧，以博学宏识称于乡里"，饱读诗书，一度还被孙家礼聘为家庭教师，教授其侄孙孙毓筠。

范鸿仙从小就崇拜太平天国将领，受反清革命思想熏陶，在内心深处埋下了反抗不平等社会的种子。长大之后，逐渐成为一位具有反清思想的革命斗士。1905年七八月间，仲甫太老师到皖北一路探访江湖侠义之士，寻找淮上健儿，联络安徽革命志士，筹备反清组织，在安徽寿州与范鸿仙相识，从此结下了深厚的情谊。

范鸿仙平时喜欢阅读报纸杂志，对太老师主编的《安徽俗话报》情有独钟，通过报刊大开眼界，并感受到报刊的力量，这为他以后从事报刊工作打下了坚实的基础。

1907年，应于右任的邀请，范鸿仙来到上海，先后担任《神州日报》《民呼日报》《民吁日报》的编辑、主编和社长。1910年10月，于右任创办《民立报》，邀请范鸿仙担任主笔。范鸿仙在《民立报》上先后发表了 250 多篇文章，笔锋犀利，文采博雅，宏论崇议，针砭流弊，鼓吹革命，匡正时风；同时，声讨日、俄、英等列强的侵略行径，揭露袁世凯的阴谋与祸心，激励民气。因此，被中山先生誉为"一支神笔，胜十万雄兵"。

辛亥革命前，《民立报》极力反对清政府的统治，提出建立民主立宪制国家的主张，广泛宣传三民主义，为民主革命发挥了重要的舆论导向作用。在上海，《民立报》事实上还扮演了民主革命的组织者和联络者。1936 年，毛泽东同志在同美国记者埃德加·斯诺的一次谈话中曾说："在长沙，我第一次看到报纸——《民立报》，那是一份民族革命的报纸，刊载着一个名叫黄兴的湖南人领导的广州反清起义和七十二烈士殉难的消息。我深受这篇报道的感动，发现《民立报》充满了激励人心的材料。"范鸿仙作为《民立报》的主编，功不可没！

1911 年 10 月，父亲在日本听到武昌起义成功的消息后，兴奋不已，立即启程从日本返回上海，进入《民立报》担任英文翻译和编辑，同时还担任范鸿仙的秘书。

范鸿仙不仅是一位著名的报人，而且还积极追随孙中山先生捍卫民主共和的成果。1912 年初，南北和议之前，范鸿仙征得孙中山同意，毅然回到安徽，在江淮同盟会员及安徽军队中招募五千精兵，号称"铁血军"，并亲任总司令，以响应孙中山北伐主张，力图扫清清廷专制王朝的残余势力。

"二次革命"爆发后，范鸿仙立即偕父亲、管鹏等人抵达安徽芜湖，宣布起兵讨袁。讨袁伊始，范鸿仙就在《民立报》上撰文《愿将碧血换共和》，誓言"牺牲吾人宝贵之碧血，以刷新共和之颜色"。1914 年 2 月，他返回上海，继续组织反袁斗争。9 月 20 日晚，被袁世凯部下买通的保镖暗杀身亡。

父亲怀着万分悲愤的心情，以"天民"为笔名，第一时间在上海《民国》杂志上发表《范烈士光启被刺记》一文，向外界通报了范鸿仙被暗杀的详细情形。

范鸿仙为民主革命牺牲的消息，震动全国。中山先生深为痛惜，在致邓泽如述范鸿仙被杀事的信中写道："袁贼一方知其势不可遏，乃悬红暗杀之，花红六万元，其死与宋教仁相类。"随后，他又特召范鸿仙夫人李真如携孤子赴东京晋见，并承诺待革命成功后予以厚葬。

1935 年，国民政府追授范鸿仙陆军上将，并特许附葬中山陵。嗣后，成立葬事筹备处，父亲是筹备处委员之一。1936 年 2 月 19 日，范鸿仙遗椁葬于中山陵马群茔地。

应烈士亲属之邀，父亲撰写了《范烈士鸿仙先生行状》，镌刻于

刘文典曾担任范鸿仙秘书，追随其投身民主革命。图为范鸿仙

墓碑背面。《行状》详尽回顾了范鸿仙英雄的一生，"少好学，以文章博雅称于乡里，家贫，躬执勤苦，而笃学不倦，遂研精书传，知名学校，大为海内鸿儒所推敬焉"。二十八岁"游上海，于右任致之《民呼报》，则日为文倡革命，辞气慷慨，读之者无不激扬"。"时日人侵中国急，先生叹曰：'汉族不幸，清政失纲，东夷乘衅，陵轹诸夏，惧将倾覆国家，沦丧区宇，斯诚志士效命致节之日矣！'乃著文声讨，刊之报端。"清政府大惧，将于右任缉捕投狱，范鸿仙"徒跣奔走，呼号营救，讼之会审公堂，对簿侃侃，辞色不挠"，于右任得以释放。先生之名愈振远近，"与陈其美、宋教仁并以英才伟节为民党冠"。文章指出，范鸿仙"才略纷纭，智能命世，江淮豪隽，多相亲附，既自负壮志，且欲扬旍曜甲，与群雄并驱争先"，尤其是组织铁血军，功勋卓著，"至是乃请于大总统孙公，募壮士五千人，号'铁血军'，自将之，蒐讨军实，简练甲兵，为北定中原计"。在"二次革命"中，"袁氏屡诱以好爵"，而范鸿仙竟"称疾不起"，断然拒绝袁世凯的拉拢和收买，并坚决站在反袁斗争的前列，结果"袁氏使刺客夜狙杀先生"。

《行状》还特别提及范鸿仙"性慷慨，亮贞勇烈过人，尤笃慕风义，又能轻财结士，在民立报馆日，所入尽以周同党，不以一钱赡家室"。范鸿仙"素好聚书，所藏多精刊，方图上海，资用常不给，则举所蓄书数千卷斥卖之，犹不足，至质帏幞，故来附士卒，皆感其惠"。字里行间，满是崇敬之情、难掩之痛。

2018 年，我和明章四弟到南京，在范鸿仙烈士后人的陪同下，专程前往中山陵附近的范鸿仙烈士墓地，怀着十分崇敬的心情，瞻仰这位伟大的民主革命先烈。墓碑上父亲所撰的《行状》虽经风雨侵蚀，却依旧斑驳可辨。

父亲为之撰写碑文的第二位民主革命先驱是辛亥革命功臣、孙中山先生的重要助手张汇滔。

张汇滔（1882—1920），原名张维环（一说维藩），字孟介，1882年出生于安徽寿州。幼年读书，喜好兵略，十七岁投笔从戎，入安庆武备学堂学习军事，后入安庆军中当兵。因倡言反清复汉，遭到官府通缉，逃到上海。1905年，前往日本东京警监学校学习警政，同年加入同盟会，是安徽最早的59名同盟会会员之一，并担任中国同盟会江淮分会副会长。1906年，张汇滔奉中山先生密令，潜回国内，准备策划江淮地区的反清革命活动。1907年，与秋瑾、徐锡麟等人谋划皖浙起义。1908年，又与熊成基等人组织策划了著名的安庆马炮营新军起义。1911年4月，参与策划震惊中外的广州起义。1911年11月2日，为响应武昌起义，张汇滔在安徽凤台涧口张叔衡家中，召集岳相如、袁家声等人，密商革命，决定成立淮上国民革命军，先取寿州、凤台，再分兵东北，光复蚌埠、怀远、凤阳等地，促成安徽独立。张汇滔先是任淮上军副总司令兼参谋长，后又任淮上军总司令，血战沙场，为推翻清政府立下了不朽功勋。

1912年1月1日，孙中山在南京宣誓就任中华民国临时大总统。然而，就在当日的《民立报》上，却刊登了一则张汇滔致范鸿仙和父亲的求援电报。电文如下：

> 民立报馆范鸿仙、刘天民两兄钧鉴：袁贼又派倪嗣冲于议和期间，乘我不备，围攻太和、颍州，毒击大炮，民兵死伤千余人。详情已另电，望两兄主持请议，覆加诘问。再淮

上国民军现编一镇，务祈设法接济，不胜盼祷。张孟乙叩。

"刘天民"是父亲在民立报社期间所用笔名。从电文上看，张汇滔与父亲、范鸿仙等人不仅相识，而且是革命同道，因而在淮上军面临倪嗣冲等人的围攻之时，第一时间想到向父亲等人求援。

三天后，《民立报》刊载了张汇滔"另电"的"详情"：

民立报馆范鸿仙、刘天民两兄鉴：

颖州失守详细情形，请摘录报端。徐统制、孟价（介）于十月初四移兵向颖，父老郊迎十八里，整队入城，一枪未鸣，秋毫无犯。……倪嗣冲于念一日，由太和突攻颖州……马营高队官放出城，被倪军攻击死，募丐负尸入城，倪后竟焚其棺。

城陷之日，肆行屠戮，以剪发为革命军符号，杀之无遗。其最惨酷者为正阳李恕斋，断臂刖足，破胸倾肠，而后决首，凡系市人，无论行商贾客，必搜杀之始快。如此凶蛮，凡有血气者，皆当枭倪之首，以为无人道者戒。……万恳临时大元帅及各省大都督严重诘责袁世凯，俾海内外人士知背约挑战之公敌在者也，淮上幸甚！

倪嗣冲是袁世凯的得力干将，在南北议和期间，不顾道义，向淮上军发动攻击，滥杀无辜，血流成河。淮上军腹背受敌，孤立无援，最终只能弃城而去，折返寿州。经此一役，死难者无算，其中仅张汇滔一族，殉难者就达57人。袁世凯接掌临时大总统后，倪嗣冲如愿取得安徽军政大权，开始了长达 14 年的血腥统治，展开对革命党人的疯狂缉捕、暗杀。

1920 年 1 月 29 日，潜居在上海法租界的张汇滔前往孙中山住所谋划革命事务，途中遭杀手枪击，两日后不治而亡。经革命党人侦查得知，幕后主谋正是倪嗣冲。

这是革命党人遭遇的又一重挫。中山先生悲痛万分，亲临吊唁，题写挽额"国魂不死"，并嘱咐廖仲恺等人："张汇滔烈士丧葬援宋教仁、陈其美例优治。"1934 年 12 月 20 日，国民政府遵照中山先生生前指示，以国葬规格葬张汇滔于安庆北门外南庄岭之阳。墓前建有六角形石塔，塔上刻有于右任、居正、柏文蔚等人铭文。墓中另置墓志铭一方，铭文为父亲所撰。父亲时任清华大学教授，怀着对昔日同道十分敬仰的心情，写下了慷慨激越的《张烈士汇滔墓志》，现摘要如下：

> 烈士讳汇滔，字孟介，安徽寿州人也。含贞固之德，应期运之数，幼而循齐，少负大志。值胡清失绪，天纲解纽，慷慨淮泗，电发东南，纠合同盟，共志兴复。……辛亥武昌举义，江皖响应。烈士军谋素定，淮上豪杰，多其部属，乃取寿县，留王庆云守之。分遣偏师，略淮上郡县。躬率大军，攻下颖上、霍邱、阜阳诸左邑，徇名城以十数。师次颍州，方将进审中原，荡定河翔，会和议成，奉令罢兵。袁世凯寒盟，使其将倪嗣冲率精兵数万人卒袭烈士军，新附之众，叛应嗣冲。烈士乃返寿县，整军与战，大破之。时吾党建宅金陵，贼之豪帅锐卒，崇聚中州，终不敢以一骑渡淮南犯。江

表完固，京师艾安，烈士之功懋矣！……会金陵不守，乃随总理东之日本，周旋于患难之中，而讨贼之志益坚，数举义苏、皖间，总理愈委任之。烈士感激，誓以死报。张勋携溥仪据北平以叛，总理率师入粤讨贼护法，烈士受命图江淮军事。嗣冲犹据皖不宾，惮烈士威望，遣盗贼之，穴胸洞腹，殁而犹眠……总理亲临视其创，嗟叹之，书"国魂不死"四字，以旌其灵，呜呼烈矣！

在墓志的结尾处，父亲以华丽的骈文盛赞张汇滔烈士的不朽功勋，铭曰："英英烈士，受天弘造。刚而无虐，坚而不挠。能乎其仪，穆乎其操。翻飞淮甸，奋身匡世。翼翼鹰扬，桓桓虎视。辅翼洪业，琅琅高致。明明执政，崇德报勋。光光宠赠，省葬诸生。爱勒铭赞，式昭懿声。"这块碑现藏于安徽省安庆市博物馆。

在父亲存世不多的碑文中，还有一篇系为许国捐躯的抗日英烈唐淮源将军所写。

唐淮源（1886—1941），字佛川，云南江川县（今玉溪市江川区）翠峰乡麻栗园村人。唐淮源未满周岁时，父亲亡故，其母姚氏，外无叔伯之亲，内无斗米之蓄，只得到一侯姓乡绅家做佣，苦节抚孤。唐淮源稍长，伴侯氏子读书，聪颖好学，事母至孝，深得塾师胡岐山先生怜爱。1909年，考入云南陆军讲武堂。在此期间，与朱德、金汉鼎等人同窗，相交甚笃。

1911年，武昌起义爆发的消息传到云南后，李根源与唐继尧等人商量，决定在云南发动起义，因逢农历九月初九，是谓"重九起义"。当时云南扩充新军，缺乏下级军官，陆军讲武堂决定从学生中挑选优秀学生 100 余人编入特别班。唐淮源、朱德、金汉鼎等人均入选。1915 年，袁世凯复辟称帝，云南首发讨袁护国战争。唐淮源随蔡锷率护国第一军出师四川，屡建奇功，升任营长，事定后升任团长，之后又任第十五混成旅旅长，参加靖国战役。1922 年初，滇军内讧，唐淮源与朱德等人离开云南，先后去重庆、上海等地。1927 年，任陆军学校南昌分校教育长；1928 年，调任国民革命军第十二师副师长兼第三十五旅旅长。1936 年，任第三军副军长兼第十二师师长。

1937 年抗日战争全面爆发，唐淮源升任第三军军长，率军转战冀西、晋东、晋南，与日寇作战，屡挫顽敌，威震华夏。1938 年，唐淮源率领第三军与国民革命军其他兵团共十六万人守卫中条山地区，击败日寇 13 次大规模进攻。

1941 年 5 月，日寇为拿下中条山，调集 25 万日军，与守卫中条山的中国军队拼命厮杀。唐淮源深知战事险恶，但仍以气壮山河的气概写下遗书："余身受国恩，委于三军重任。当今战士伤亡殆尽，环境险恶，总军西部失去联系。余死后，望余之总司令及参谋长收拾本军残局，继续抗战，余死瞑目矣！"由于战事激烈，唐军三次突围受挫，唐淮源召集手下三位师长商量分头突围时，毅然言道："中国只有阵亡的军师长，没有被俘的军师长。千万不要由第三军开其端。"5 月 12 日，唐淮源率残部突围未果，在弹尽援绝的情势下，誓死不当俘虏，饮弹自戕，壮烈殉国。

1942 年 2 月 2 日，为表彰唐淮源的功绩，国民政府发布褒奖令，追赠他为陆军上将。1948 年初，江川县为烈士修建"唐公祠"，并召开追悼大会。江川县政府慕名邀请父亲为唐淮源将军撰写碑文。父亲获知唐将军的身世及其在抗日战争中的悲壮经历，深受感动，写下《唐淮源将军庙碑》，盛赞将军以身殉国的大义：

> 岁窀方妥，驰返中条，值倭虏间衅，凶丑燔炽，偏师失律，大兵败衄。公以寡弱之众，在丛围之中，据无十雉之城，守无一重之橹，而寇如猬毛，蜂屯蛾傅。公奋其猛锐，志存厌难，棱威爰发，在用弥亮。将士感其忠义。公一巡三军，拊而勉之，则裹创疾斗，死不旋踵。罢困相保，坚守浃旬，兵尽力竭，受陷勍敌。公慨然曰："将军死绥，咫尺无却，战阵无勇，谓之非孝。老母既殁，此吾殉国时矣。"乃整衣冠，西向再拜，从容作书辞元首，遂自射也。非忠贞秉之自然，壮烈出乎天性，孰能临难引义以死殉国若斯者哉！

父亲撰文的这块庙碑，由于右任篆额、李鸿章后人李广平书丹，立于唐公祠门外。2000 年前后，被移交给当地一个博物馆。我曾拓过几份，送给友人以作纪念。

三、家国同悲，不改旧志

父亲一生，经历无数家国悲欢，均能坦然以待，唯有大哥的英年早逝，是其心头难掩的痛。

父亲在其所撰《庄子补正》的自序开头写道："亡儿成章，幼不好弄，性行淑均，八岁而能绘事，十龄而知倚声。肄业上庠，遂以劬学病瘵。余忧其疾之深也，乃以点勘群籍自遣。"《庄子》一书"齐彭殇，等生死，寂寞恬淡，休乎天均，固道民以坐忘，示人以悬解者也"，因而成为父亲选择用以纾解内心郁郁之情的首选校勘典籍。

大哥刘成章生于 1913 年，幼而聪慧，颇得父母怜爱。父亲在 1936年 4 月 9 日致胡适先生的信中写道：

亡儿以民国二年五月二十三日生于上海，幼而聪慧，三岁时识字百余。弟见其早慧，即深忧其不寿，惟私幸其赋性端谨和厚，或可长成年。八岁入小学，颇工绘事，时北京大学画法研究会初次开展览会，亡儿画《雪景》《耕牛》二图，为李毅士先生所激赏，特许陈列，观者无不称赞。十岁时偶见秋华读顾太清《东海渔歌》，即能依仿填成《江南好》八阕，李辛白先生夫妇深器异之，然亦忧其不克永年，时以为言。年十五有志于学，在中学校肄业，英文、数学二科试辄得一百分。十八岁而高中毕业，晨起演算解析几何、微积分，必至夜漏三下。民国十九年暑假中，深夜披衣起算难题三，忽患咯血，急送往医院诊治，以 X 光照之，右肺锁骨下已有浸润矣。劝其休学不肯，譬喻百端，乃改入国文系，复经医士力劝，弟与秋华严谕，始肯休学养疴。而病势已深，不可救药矣。百计医治，终无显效，去夏自知病疾不可为，犹秘而不言，恐伤亲心也。适秋华以妇科病入协和医院施行手术，亡儿虑其母有万一危险，竟数夜未眠。秋华知之，于施行手术后第二日即归家，以出院过早，患胃痛症。亡儿每夜必数起，立窗外静听，一闻其母呻楚声，即泣涕祷天，愿以身代，又磨刀欲割股和羹以进。弟严谕止之。亡儿曰："男学数理科者，岂不知割股未必能愈母疾，惟希冀精神感应，或有万一之效，且以此少分吾母之痛苦耳。"如是者浃旬，疾乃大作，病不能兴。及秋华疾愈，亡儿乃能少进饮食，步履如常，而肺疾愈重，声嘶骨立，延至旧历正月十六夜竟长逝矣。故谓其死于病可也，谓其死于孝可也，谓其死于劬学亦可也。

我每每捧读父亲这封信函，便如亲见大哥聪敏过人、至纯至孝的形象，不禁以泪洗面。大哥早逝，与当时的时局也有一定的关系。他在辅仁大学读书期间，正值日本侵略者发动九一八事变前后，当时北平学生掀起轰轰烈烈的抗日救亡活动。成章大哥在国家危难之际，不顾自己身患肺疾重症，与同学们一道积极奔走，四方呼号。为敦促国民政府抗日，他还在隆冬季节义无反顾地参加卧轨请愿活动，表达拳拳爱国之情，不幸身受风寒，肺疾复发，撒手人寰！

成章大哥辞世，如同晴天霹雳，让父亲与母亲沉入极度的悲痛之中。父亲日以校勘《庄子》为寄托，终成《庄子补正》一书。在自序中，他不无感伤地写道："以道观之，邦国之争，等蜗角之相触，世事之治乱，犹蚊虻之过前。一人之生死荣瘁，何有哉！故乃玩索其文，以求敦谊，积力既久，粗通大指。复取先民注疏、诸家校录，补苴誤正，成书十卷。呜乎！此书杀青，而亡儿宰木已把矣！"父亲一度还致函商务印书馆，想将《庄子补正》《宣南杂识》等书稿汇刻为"望儿楼丛书"，聊以排遣与纪念。在致北平《大学新闻周报》的信函中，他解释道："鄙人近年因忧亡儿之病，日以校注《庄子》自遣，去夏已成书，不久可付印，作为亡儿之纪念刊。倘有一字流传，则此子为不死矣。"父亲爱子之深，苍天可鉴！

四、不发夷声，爱惜羽毛

母亲幼年丧母，全靠乳母照料长大，因而我们均认乳母一家为至亲。父亲在北大、清华任教之时，将乳母一家接到北平同住，并为乳母的孙子何晋（原名何葆生）操办婚事。

七七事变前，我们一大家人过着其乐融融的生活。葆生表哥在学业上还得到父亲的悉心指导。日寇占领北平后，葆生表哥目睹了日本宪兵到家中搜查、威胁父亲的经过，在日后所写的《忆刘文典》一文中，他写道："1937 年 7 月卢沟桥事变后，平津沦陷，未能即时离开北平者为数较多，学术界周作人曾至刘处游说多次，希其能在沦陷区'维持会'工作，刘皆为婉言谢绝，后又多次委人相邀，皆被刘拒之门外，此举激怒了日本侵略者，刘文典住宅（北平北池子骑河楼蒙福禄馆三号）先后两次遭日本宪兵搜查，凡国际往来函札，以及中央名人信件一律被查抄……当时家人不知所措。而刘文典先生和夫人张秋华却躺椅昂首吸烟，冷目相视，沉默不言，决不讲一句日语，向日寇献媚。"父亲早年两度赴日，精通日语，但此时却以发夷声为耻，绝不肯与侵略者为伍！

父亲对周作人的妥协，颇为痛心。吴晓铃先生早年就读于北平燕京大学，后转入北京大学，师从胡适、罗常培等名师。抗战期间，随学校南迁至昆明，在西南联大读书。他写有《忆刘叔雅先生数事》一文，除了介绍父亲宿儒的横通功力和扎实的学术根基外，还特别指出："上面谈的只是叔雅先生的一个方面，还有另外一个重要方面尤其不能等闲视之，那便是一个真正的学者的高贵品质。"他回忆道："我初到昆明，叔雅先生见面便问周作人的景况。我答以胡适曾从伦敦以'藏晖居士'的名字给他写了一首八行诗劝他到昆明去，结句说：'天南万里岂不太辛苦？只为智者识得重与轻。'然而自称'苦住老人'的周氏在他的十六句和诗里则以'家中还有些老小'做推脱之语。叔雅先生听了很生气，愤愤地说：'连我这个吸鸦片的"二云居士"都来了，他读过不少的书，怎么那样不爱惜羽毛呀！'"

"读书人要爱惜自己的羽毛"，这是父亲常常告诫自己和他人的一句名言。所谓"羽毛"即名誉，是一个人的为人之道，是一个人的道德底线。日本宪兵以搜查为名对父亲进行威胁，但他大义凛然，不发夷语，冷目以视，决不屈服，真正保护好了自己的"羽毛"！

五、国难当前，大义为重

九一八事变之后，日寇侵占东北三省、热河等地，但并未因此而满足，犹虎视眈眈，觊觎着华北乃至于全中国，企图实现其"统一世界"的野心。1933 年 5 月 31 日，国民政府竟抱着"中日亲善"的幻想，与虎谋皮，签署《塘沽协定》，从法律上默认了日本侵占东北和热河的合法性，进一步助长了日本侵略者的野心。

民怨沸腾之际，1933 年暑假，父亲接到广东粤系军阀陈济棠的一封电报。陈济棠系粤系军阀的代表人物，一生两度举旗反对蒋介石，当时主政广东，有"南天王"之称，地位举足轻重。陈的电报称，想邀请父亲南下考察粤中文化，在广东休息小住一段时间。父亲早就听说陈济棠在广东期间，重视教育，善待知识分子，因而在接到陈的电报后，决定利用暑假闲暇，和母亲一起南下。1933 年 7 月 18 日，《广州民国日报》还专门刊发了一则新闻报道《文学家刘文典抵粤》：

> 皖人刘文典，历任北京大学国文系教授十余年，及北平
> 清华大学国文系主任六年，并曾一长安徽大学，著有《淮南
> 鸿烈集解》与新智识丛书多种，由商务印书馆印行，比以广
> 东为革命策源地，凡百事业，都着先鞭，特乘兹假期，南来
> 考察粤中文化，冀猎他日题材，以供莘莘学子。此间各校聆
> 讯，刻拟延请为短期之讲学云。

母亲后来告诉我，她和父亲到广州后，被陈济棠派人安排在珠江中间二沙头小岛上的一座别墅里，每天有专人伺候，吃的是珍馐美味，还有送珍贵礼品。一天，陈正式露面，原来他正在筹划反蒋，知道父亲曾经在安徽顶撞过蒋，希望父亲对他的反蒋予以支持。陈甚至许诺，只要父亲协助他做事，可以给予丰厚的名利作为回报。父亲得知陈的用意之后，婉言相拒。他认为，中国正面临着日本的侵略，国难当头，当务之急应该是齐心协力，一致对外。于是，父亲将陈送的礼品原封不动退还，执意回到北平。此事过后，有人问起，父亲泰然一笑，解释道："日本侵华，山河破碎，国家灾难深重，怎么能置大敌当前而不顾，搞军阀混战！"

陈济棠邀约父亲反蒋之事，在母亲乳母之孙何晋的文章《忆刘文典》中也有介绍："粤系反蒋派陈济棠知刘文典反蒋有名，学识渊博，不惜以万金相聘，请先生出山。"但从母亲的回忆和何晋的文章里，我们可以清楚地看到：在名利诱惑面前，父亲表现出热忱的爱国之心，"不受聘"！

六、口诛笔伐，警醒国人

父亲早年两度赴日，对这个与我国一衣带水的邻国有比较深入的研究。在清华大学任教期间，他多次通过发表演讲或撰写文章，警醒国人，要"研究日本，认识日本"。

在清华园里，父亲经常在课堂上向学生大力宣传爱国救国的道理，被学生们视为"最爱国的教授"。著名的"合肥四姊妹"的弟弟、贵阳师范学院历史系教授张宗和，当年就读于清华大学文史系，在他 1932 年 11 月 23 日的日记中，有这样的记录："晚上刘文典的国文，他又说日本怎样怎样了，差不多都没有讲课。有同学说学校里怕是他最爱国了。"1933 年 1 月 4 日的日记又写道："上国文，本不想去，但想听听刘文典讲讲日本的事，于是就去了。果然一个钟头他讲的都是日本的事，还讲了一个天皇之死的笑话……"1933 年 1 月 5 日，日记里写道："消息一时比一时不好，居然有一个消息说天津已经打起来了，平津车已经不通了。不知这消息确否。国文课刘文典又讲日本，他要我们去做一点事，虽然不能上前线的打仗，在后方救护伤病员或是干一点别的事总比在学校里读书强。是的，我们的确应当做一点事，无论怎样，这是我们民族存在的生死关头。"[1]

在此之前，1932 年 2 月 29 日，父亲应清华大学梅贻琦校长之请，在学校总理纪念周活动中，发表演讲。演讲前，梅校长简单致词，介绍邀请父亲演讲的初衷："上次曾请郑振铎报告过上海战事的情形，又

---

[1]　张宗和：《张宗和日记》第 1 卷（1930—1936 年），浙江大学出版社，2018 年。

出任清华大学中国文学系主任时期的刘文典

有两位新近从上海来平者，对于战地情况知道的很清楚，最近拟请来校讲演。今天特请刘叔雅先生为吾们讲演。刘先生对于日本文学很有研究。当甲午之役，刘先生之令伯从事海军，参加大战，曾击沉日舰一艘，然不幸为国捐躯。刘先生二十几年来，不断地研究日本的国情及其对外阴谋。今天他的讲题为《东邻野心侵略之计划》。"

演讲稿后以《日本并吞各国之推进机——黑龙会》为题，刊于1932年3月11日的《国立清华大学校刊》上。父亲在演讲中重点介绍了日本"侵略中国之原动力"——黑龙会的历史。他指出，黑龙会"专门以酿成祸乱，趁火打劫，吞灭人的国家为事。……他们的主义是要'恢弘兼并六合包举八荒之皇猷'，怀抱所谓'经营东亚之大志'，想吞并各国，以尽他们的'大和民族之天职'。""黑龙会的信条就在遵奉他们的军人敕谕，扩张兵力……他们不但对外要极力侵略，就是对他们自己的国民，也用极蛮横的手段，大肆压迫……大阪朝日新闻社长村山龙平，以及鸟居素川、大山郁夫、吉野作造博士等都因为主张正义，不赞成蛮横妄动，而受过黑龙会暴虐不堪的迫害。……总而言之，他们对内则压迫日本民众，钳制舆论，使人敢怒而不敢言，以致国民的真意无从表现；对外则不择手段，一意孤行，作无限制的侵略，要实现其亚洲各国监护者、指导者的梦想。"父亲一针见血地指出，吞灭中国是日本千百年来唯一的国策，"就空间上说，他岂但要吞灭满蒙，席卷二十一省，还要兼并亚洲各国，连欧美他都要妄想侵略啊！"为此，他不惜向在场的青年学生发出呼吁："我们的近邻有几千万饥渴的虎狼，七八十年来，昼夜在打主意，要吃我们的肉，喝我们的血。而我们还在做梦呢。我希望大家快快的醒觉，研究日本，认识日本，想一个死中求生的自救方法罢！……归结起来一句话，大家快快的研究日本要紧！"

鉴于对日本历史的了解，对日本军国主义狂妄野心的认识，特别是看到日本侵略者在中国土地上悍然发动九一八事变，父亲对日本的侵略本性有了更加深刻的感悟，由此发出"希望大家快快醒觉，研究日本，认识日本"的呐喊。这一声呐喊，振聋发聩，发人深省，成为国难危机下清华园里最为理性、最为响亮的声音之一。

1932年9月25日、10月2日，父亲在胡适领衔创办的《独立评论》第十九、二十号上连载《日本侵略中国的发动机》一文，继续开足火力，以自身经历和见识，揭露日本侵略中国的思想由来已久。他谈道，自己早年曾在日本住过几年，"二次革命"期间又陪朋友们去过两次，"也学会了几句家常日用的日本话，乱翻翻杂志，带猜带查字典看看报纸，碰巧也和日本的次等政客浪人们谈过几回天"，一来二去，"发现了一件非常可怕的事：就是他们举国一致，定要吞并中国和亚细亚洲，以尽大和民族的天职，实现'王道正直'的大理想"。由此，父

亲不禁想到，亡国之后确乎不能"大道之行也，天下为公"，亡国的苦
楚实在难受，"我又觉得欧美各国之图谋中国，毕竟只是想吸点膏血，
赚我们几文，唯有日本除了要金钱和物质之外，还处心积虑要在我们
的头上施行'王道'。所以我回国后这许多年，总时时的留心日本的一
切事情。从来不敢怠忽"。

父亲说，自九一八事变以来，常常能够看到穿着中山装的青年
"放着正经书不读，迻时讨节笔不停挥的写标语，成群结队在大街上提
高嗓子喊口号"，但一问这些爱国青年志士，可知道"日本从什么时候
起就动手来并吞中国"？十有九回是大家记不很清了，也偶然有人说是
甲午年起，而事实上呢？

父亲借助他对日本的深刻认知，出人意料又不无警醒地写道："日
本侵略中国的真正发动机，并不在东京，也不在横滨、神户、大阪。
而在博多湾上福冈城头一座小小的房子里。"这座房子的主人，说起来
也奇怪，竟是一位"有席卷天下、包举宇内、囊括四海之意，并吞八
荒之心"的美貌女子，名叫高场乱，道号向阳先生。高场乱出身于书
香家庭，自幼熟读《论语》《孟子》《礼记》《左传》《三国志》等中国
典籍，"群经诸子以及历朝史籍无不融会贯通"。她认定，"南而台湾、
琉球，北而高句丽、新罗、百济都原是日本的藩属，非要光复旧物不
可，并且看透了中国政治的腐败，社会的昏乱，国民太无知识，只知
道自私自利。断定我们这个国家民族决无发奋图强的希望，而他们的
经典上又昭示，说中国和亚洲，甚而至于全世界都是上天注定了该要
归他们管的。"于是，高场乱广收弟子，公然讲起学来，她所收的弟子
多半都是不爱钱、不惜死的人，"一个个只肯去杀头、枪毙，或是冻死
在西比利亚的冰天雪地之中，并没有做一官半职，或是发财发福的"。

比如，她有个著名弟子叫头山满，几十年俨然是日本政治上的指导者、监督者，"当局的举措如果拂了他的意思，必然要遭不测的奇祸……，所以日本历来秉政的衮衮诸公，总是小心翼翼的伺候他，尤其是关涉到对中国、对美国的事，更不敢稍拂他的意思"。向阳先生的弟子们，组织玄洋社，以及担任朝鲜、中国方面事务的黑龙会，纠合无数"抱经营东亚之大志"的浪人分头出去干事，有的在中国活动，有的要往西伯利亚、中央亚细亚去考察情形、勘查形势，再远的还要往西半球去做事，"总而言之，日本之图谋中国，早发源于向阳先生的讲学，他虽然死了，徒子徒孙们却争着要完成他们先生的遗志，任何辛苦、任何危险都在所不辞……"

在文章中，父亲还谈到一个小故事：他曾在清华大学教授钱稻孙家里看到东文书库藏《玄洋社史》，内有"头山满活动之目的"一章，说头山满之目的是在"指导朝鲜和支那"，书上两处"指导"二字都是用小纸片粘上去的。父亲当时觉得有些奇怪，心想另粘上去的二字之下，必是"并吞"之类的字样，可能是印成之后，著者觉得不妥当，才掩耳盗铃地用小纸片遮盖上。第二天，他在还书给钱稻孙的时候，检出这页给钱看，钱也觉得可疑，便用温水把这小纸片润湿，再用小刀刮开来一看，果然是"并吞"两个字！

这篇文章对日本军国主义野心的揭露，可谓鞭辟入里、入木三分，引发广泛共鸣。1935年，傅斯年在《中日亲善??!!》一文中大赞："刘叔雅先生之《日本侵略中国之发动机》，载《独立评论》第十九、第二十两号，这是一篇值得国人永久注意的好文章。"

1932年11月3日，父亲在《独立评论》第二十六号上发表《日本侵略政策的历史背景》，继续循着历史的脉络，揭穿日本并吞中国的图谋处心积虑、由来已久。文章指出，世人多以为日本"是维新以后才要侵略朝鲜、满洲、蒙古"，而父亲的观点恰恰相反，"我以为他们是因为要侵略朝鲜、满洲、蒙古，所以才尊王倒幕、变法维新"。他先后举出佐藤信渊《宇内混同秘策》、吉田松阴《幽囚录》中的有关记录，认为这些人"怀抱着并吞亚洲各国的野心，积极向外侵略"，他甚至断言，对于日本而言，"'席卷东亚，统一全球'的野心是因，明治维新和日本今日的强盛是果。所谓'尊王倒幕，变法维新'不过是'并吞东亚，席卷天下'的一种手段而已，方法而已，决不是他们的国家富强之后才向外侵略，乃是因为要向外侵略，所以才发愤图强的。"

在文章中，他不无清醒地提到，很多人只知道辛亥革命前后受过头山满等人的援助，辛亥革命期间头山满和犬养毅又亲自到上海、南京来过一趟，就误以为头山满、犬养毅是真心帮助中国革命，其实不过是痴人说梦、白日见鬼，"总而言之，日本这个民族，处心积虑要吞并中国，南自菲律宾群岛，北自黑龙江和俄属极东堪察加，在八九十年前早已视若囊中之物，志在必得，日本历年的内乱和对外战争其主因都全在这一点，什么满蒙政策咧，大陆政策咧，拥护既得权咧，都不过是一时诌出来的口号罢了。……今日号称知识分子的一班学者，如果不能看清楚这中间的因果关系，专在什么协定、什么条约上作精密的研究，也还是枝枝叶叶，无关大旨，决研究不出一点所以然来，和那些专讲究虚文的外交官之背诵非战公约、九国协约是一样的劳而无功"。

为了进一步论证自己的观点，1933 年 4 月 24 日，父亲又在《大公报·文学副刊》上发表《宇内混同秘策》一文，介绍佐藤信渊的《宇内混同秘策》究竟是怎样的一本书。此前，他在《日本侵略政策的历史背景》中已经提道："远在明治维新以前，德川氏幕府秉政的时代，有一位佐藤信渊先生著了一部《混同秘策》，说他们大和民族负着统一世界的使命，但看他这部书的名称，其野心之大也就可想而知了。'混'者是混一天下，再说清楚些，就是吞并全球的意思。'同'者是万国来同，书同文，车同轨，再说清楚些，就是要同化世界各国的意思。至于'秘策'，就是怎样并吞全球、同化世界各国的计划了。"

在《宇内混同秘策》一文中，父亲详细谈到了佐藤信渊在《宇内混同秘策》里列出的狂妄计划："他要夷全世界为日本的郡县，使万国的君长都为他的臣仆。他的计划是先要把国都迁到世界上第一个形胜之地，把原有的京城作为陪都，置节度使于天下各处，统理各处的军事政治。然后开发南洋诸岛，作为日本的郡县。南洋既入其掌握之中，就由满洲进兵攻取朝鲜和中国全部。"由此书可以发现，佐藤信渊对于日本入统中原之后，"所要颁布施行的学制、军制和财政计划，都有详细的打算、明白的规定"。在父亲看来，尽管佐藤信渊书中的很多话"是夸大狂的梦想"，但此中所觊觎的侵略野心，尤其是"居然并吞了满洲、热河"的现实，却不能不令人生出高度的警惕之心。

七、不舍昼夜，赶译日著

父亲一直有个观点，知日，才能抗日。1933 年 2 月，日本大道书院将陆军大臣荒木贞夫的论文、讲演词，编成十二篇，统名之曰《告全日本国民书》。荒木贞夫是田中义一的后继者、日本军阀的核心，"不但是日本军部的首领，简直是日本民众崇拜的中心，事实上总揽一切军政的大权，他的意思就是日本的国策"，因此，父亲决定在一两个月内将《告全日本国民书》译成中文，"说起他的内容来，句句都令我们被屠宰、被践踏的中国人不寒而栗，连那一班睡里梦里的欧美政治家、言论家，如果都能懂得日本文，看看这部书，包管也要吓一大跳"。[①]

1935 年 3 月 19 日，清华大学学生平林在《大学新闻周报》发表《刘叔雅先生最近给我的印象》，写道："刘先生是极重感情而且富忠义之气的人，当东北沦陷时，刘先生痛祖国遭奇异的侮辱，没有一天不义愤填膺，咬牙切齿痛骂日本。我们看，在日本飞机到北平来的时候，他没日夜地译出荒木《告国民书》，就可见他的满腔热血了"。《告全日本国民书》藉"救济各民族，指导全人类上进"的幌子，疯狂宣传军国主义。父亲为了警醒国人，便决定在紧张的教学与学术研究之余，埋头将此书译成中文。

那一段时间，他经常熬夜翻译。他的一位学生回忆道："然尚有一事更可以使我们对于刘先生表示极大的敬意的，就是刘先生爱国心的热烈，真是校内无二人！去年长城战事闹得极凶的时节，刘先生每次上国文班，必划一部分的时间，哭丧着脸向我们申说国势的阽危，并且告诉我们日本侵略中国的决心及其历史背境，教我们赶快起来研究日本。刘先生那时正着手翻译日本陆军大臣荒木贞夫氏的《告全日本国民书》。有一天上国文班时精神萎靡得连说话都几乎没有声音，说是因为昨晚译书到夜里三时才休息。我当时听了刘先生的话，眼泪真要

---

① 刘文典：《荒木贞夫告全日本国民书》，《大公报·文学副刊》，1933 年 4 月 10 日，第 3 版。

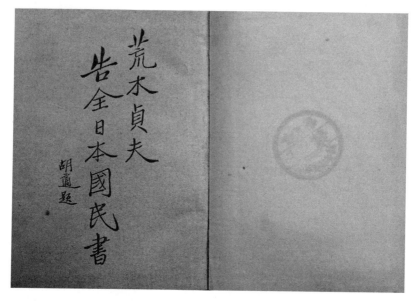

1933 年，刘文典利用教学之暇赶译出《荒木贞夫告全日本国民书》，在《大公报·文学副刊》上连载，一时洛阳纸贵。图为胡适题签的书名

夺眶而出了。"①

　　1933 年 4 月 10 日，父亲在《大公报·文学副刊》撰文《荒木贞夫告全日本国民书》，系统介绍了荒木贞夫其人及其书。荒木贞夫出身武士家庭，在担任陆军大臣后极力推行日本的法西斯化，与德国的希特勒、意大利的墨索里尼齐名，是日本"皇道派"的领袖人物，"他一举手一投足，立刻就可以使我们中国伏尸万人、流血千里，所以我认为现在的中国人，尽可以不知道华盛顿、拿破仑，而不可以不认识荒木贞夫；尽可以不知道麦克唐纳和罗斯福的政策，而不可不了解荒木政府的胸襟抱负"。

　　在文中，父亲重点介绍了荒木贞夫对于国际联盟的态度、独吞东

---

① 佚名：《教授印象记·刘文典（叔雅）》，《清华暑期周刊》第 10 卷第 7、8 期合刊，1935 年 7 月，第 32 页。

亚的雄心和他对于赤字（就是预算不敷财政恐慌的问题）的见解。在
荒木贞夫看来，"日本的外交自来都是屈辱的，和各国缔结的条约都
是受束缚的。日本之加入国联，跻于世界五大强国之列，不但不算光
荣，简直可以说是耻辱，因为'皇国'和'皇军'对世界、对人类都
负有特别重大的使命"。他甚至妄称，"什么国联，什么公约，都不过
是欧洲人弄的无聊的把戏，哪里配过问亚洲的事"，"日本奉天神之命，
有整顿世界的道德上任务，这回占领东北，正是挥降魔的宝剑，秉大
和民族勇武的精神，扫荡妖魔，显扬正义于天下……日本既负有指导
世界文明的任务，不能不拿出古武士的精神，好好的教训欧美各国人
了"，完全置国际秩序于不顾，狼子之心，昭然若揭。

父亲指出，这本书总结起来，不外三点："（一）日本加入国联，和
欧美各国为伍，是可耻的。要退出国联，撕毁那些盟约协定，在国际
间任意行动，以天不怕地不怕的精神，和全世界的各大强国相周旋，
取威定霸，那才算光荣；（二）什么赤字问题，财政困难，都是不值计
较的小事，虽是物质缺乏，国民日常生活必需品断绝来源，也毫不足
介意，因为皇国的武士自古是喝粥饮水也能建功立业的……（三）日
本是举国皆兵的国家，人人都要体奉军人敕语，以古武士的精神，振
发固有的日本魂，完成天赋的伟大任务。"

父亲说，在荒木贞夫看来，"整个的亚洲都是他的俎上之肉，天然
是他口里的食，如果不吞，就是逆天"，而这些充满军国主义味道的文
章，足以代表日本军国主义的核心思想，且成为九一八事变后日本国
民奉为金科玉律的所谓"国策"，不可不引介给国人知晓。

这一想法也得到了《大公报》及其读者的支持。1933 年 9 月 18 日，
恰逢九一八事变两周年之际，《大公报》刊文介绍邀约父亲赶译此书的

初衷与过程："原书在日本销路极速且畅，西文早有译本，欧美人士亦极重视此书。中国受日本欺凌，失地辱国，创巨痛深，乃一向日本认识不清。塞北抗战方烈，而对此足以'代表日本侵略主义之理论，而说明九一八以后支配日本国民心理的背景'之书，犹无所闻知，呜呼可！刘文典君悆焉忧之，故特为文介绍。文出后，各地人士纷纷来函敦促刘君速译此书。时当北平危急，日军紧逼，飞机翱翔空中，其声呜呜然，俗子懦夫咸自谋逃徙，刘君乃恬然赶译此书，出以流畅之白话，使著者凶残之面目及激昂之情态，跃然纸上。刘君诚真能爱国之文人哉！"

从 1933 年 4 月 29 日起，《大公报》开始连载父亲翻译的《日本陆军大臣荒木贞夫告全日本国民书》，历时 3 个月，共 47 期刊完，前有简短按语：

日本陆军大臣荒木贞夫是日本军阀的重心，和日本民众崇拜的中心，事实上总揽一切军政大权；所谓日本的国策——侵略政策，也都是以荒木为中心，他一举手、一投足，立刻可以使我们中国伏尸万人、流血千里。最近日本书院，把荒木年来的论文和讲演词编成十二篇，统名之曰《告全日本国民书》，语多荒谬，由此亦可窥见日本侵略中国之背影。兹由赵文典君（注：报纸排版有误，"赵"应为"刘"，翌日作了更正说明）将全书译竣，特急披露，希能以荒木之警告日本国民，引起国人之注意与警惕焉！

译文在《大公报》连载后，风行一时。为此，大公报馆决定另刊单行本，"廉价发卖，以广流传"。① 单行本于当年 8 月出书，每册售价四角，"购者极为踊跃"。

在《荒木贞夫告全日本国民书》单行本的卷首，父亲撰写了译者自序，道明心迹："日本这个国家和世界的其他各国迥然不同。在明治维新以前固然是大将军秉政，就是维新以后也还是军阀总揽一切军政大权……所以军阀的意思就是日本的国策，而荒木贞夫的意思就是军阀和暴力团体的总意思。我们要知道日本统治者的意见、政策和野心，都非要知道荒木贞夫的主张不可。自从沈阳的事变发生以来，当局和民众把日本误认为一个欧美式的现代国家，以致应付无方，把国事败坏到今天这样，推原祸始，全是由于对日本的认识错误……所以我以一个学问知识思想都落伍的人，凛于'侨将压焉'之惧，把那些支离破碎的线装书暂且束之高阁，来翻译荒木贞夫的这部书。无论大家怎样的不了解日本，不肯了解日本，我总要尽我的微力。"值得一提的是，胡适先生十分看重父亲翻译的这部书，亲自为此书题签了书名。

这部书的翻译、出版，也得到社会各界的高度评价。1933 年 10 月，安徽省立图书馆馆刊《学风》杂志刊登馆员吴景贤先生所写的《读刘译〈荒木贞夫告全日本国民书〉》一文，开门见山地极力推介父亲所译的新书："刘叔雅先生（文典），最近译了一本《日本陆军大臣荒木贞夫告全日本国民书》。在刘先生的学术研究中，虽然不是主要的贡献，但对于我国的目前社会，实有唤醒群众的伟大力量。——像给予了国人一面镜子，使大家深切的看出自己的弱点，能够奋发振作的去自

---

① 《日本陆军大臣荒木贞夫近著〈告全日本国民书〉》，《大公报》，1933 年 9 月 3 日，第 5 版。

救。"快结尾处，吴先生又饱含感情地写道："最后，我们对于刘先生翻译这本书的深刻用意，非常表示崇敬；对于刘先生生动的译笔，同时也感到很大的钦佩！当读者展读这本书时，不但受到书内情绪的热烈鼓动，并且也被那生动的译笔引导着不忍释手。希望我们中国国民——尤其是有作为的青年们，都能一读此书。"

或许是有感于很多国人对于日本的历史知之甚少，进而对日本的侵略还抱有幻想，1933 年 9 月 18 日，父亲又在《大公报・文学副刊》第 298 期上发表了《新本事诗》，解读明治维新以后、清同光年间日本四位军国主义分子的诗作。父亲专门写了一段很长的按语，交代创作此文的缘起：

> 现在的大多数青年学生，平日虽然也会贴标语，喊口号，放着正经书不读，去开"特别临时紧急大会"，甚而至于入京请愿，拜见当局，要求对日如何如何，但是遇见了傻子，问日本之欲并吞中国，起于何时，肇端于何事，我敢断言除了极少数的人还依稀仿佛记得个什么"甲午"两字之外，余下的百分之九十九都是瞠目张口，回答不出来。这可以说是中等教育破产，尤其是教"近百年史"的先生太糟，然而青年们不肯用功，在试验室、图书馆、战壕里、飞机上努力，只会以那些无聊的把戏来恐吓乡愚，麻醉自己，也真令人痛心。

由此可见，父亲之所以要解读这四首诗，本意还是想从日本历史上一些有影响的人物出发，追溯日本并吞中国的思想渊源。第一首诗的作者是日本长崎县藩士、官至外务大臣的丸山作乐。其诗曰：

狱中偶作

梦绕长白山，魂迷鸭绿江。

狱中天地小，空使老英雄。

丸山作乐是"夙报尊王攘夷的大志"，因不满当政幕府对俄交涉失败，"就想把失之于俄国者取偿于中国"，赞成带有侵略性质的"征韩论"，"出私财，募死士，谋袭取朝鲜"，事发被捕下狱，被判终身徒刑。这首诗就是丸山作乐在狱中所作。父亲写道："读了这首诗，总可以看得出日本是早要并吞满洲了罢。诗中明明有'梦绕长白山'之句，可见其目的不只要侵略朝鲜，就是后来之并吞朝鲜，也正是为鲸吞满蒙的地步啊。"今日读此诗，丸山作乐身在牢狱之中，心中仍念想"梦绕长白山，魂迷鸭绿江"，其侵略野心不昭然若揭了吗？

第二首诗的作者是明治维新、王政复古的元勋江藤新平。其诗曰：

逸　题

欲扫胡尘盛本邦，一朝蹉跌卧幽窗。

可怜半夜潇潇雨，残梦犹迷鸭绿江。

江藤新平也是"征韩论"的极力鼓吹者之一，"主张积极侵略大陆，攫取朝鲜和满洲"，眼看当局者不想借外战来平内争，便与西乡隆盛等人一起辞职，"决计用兵力打倒政府，夺取政权，好施行其席卷朝鲜、囊括满洲的政策"。明治七年（1874），江藤新平公然背叛新政府，攻掠佐贺县政府，但很快被政府征讨军打得大败，被捕入狱，写下了《逸题》这首诗。父亲解读道，"欲扫胡尘盛本邦"一句就是"扫荡胡清、振兴祖国"之意，直指晚清政权，甚而就连夜里做梦，都是"犹迷鸭绿江"，想着侵略朝鲜和中国之事。

第三首诗的作者是日本陆军少将、"征韩论"代表人物之一筱原国干。其诗曰：

逸　题

饮马绿江果何日，一朝事去壮图差。

此间谁解英雄恨，袖手春风咏落花。

筱原国干系鹿儿岛蕃士，因战功赫赫，以功晋督陆军少将，并担任东京近卫军的司令官。西乡隆盛主管军事后，"亟欲出兵寇朝鲜，侵中国"，但遭到岩仓具视、大久保利通等人的反对，遂率其党挂冠归里，筱原国干就是其中之一。这首诗写于其挂冠后，"我们看他罢归田里后做的这首诗，也可以知道他之所以打倒幕府，后来竟不惜冒大不题，起兵伐明治新政府，卒以身殉，其目的全是要向外侵略啊！"据父亲说，筱原国干还有一首诗道："有雨有烟又有云，中原万里乱纷纷。腰间秋水今方试，扫了妖邪谒国君。"可以看出，筱原国干一直是"志在中原万里"的。明治十年（1877），西乡隆盛起兵，筱原国干率师响应，攻熊本城不利，中弹而死。

第四首诗的作者是与桂小五郎、大久保利通并称"维新三杰"的西乡隆盛。其诗曰：

逸　题

几历辛酸志始坚，丈夫玉碎耻瓦全。

我家遗法人知否，不为儿孙买美田。

　　西乡隆盛出身于日本江户时代末期萨摩蕃鹿儿岛的一个武士家庭，逐渐成长为反对幕府统治的中心人物之一。明治维新成功后，官参议、陆军大将，执掌军国大权，极力鼓吹并支持对外侵略扩张，"志在吞灭朝鲜，夷灭中夏"。但由于遭到三条美实、大久保利通、岩仓具视等人的反对，"乃率其所部筱原国干、桐野利秋挂冠归里，出其俸禄创私学校，阴以兵法部勒之，欲待时摧破东京政府，行其所志"。在这首诗中，西乡隆盛表达"几历辛酸志始坚"，就是指竭力主张侵略朝鲜、中国的野心不可动摇，扬言"宁为玉碎，不为瓦全"，其嚣张气焰，不可一世。明治十年（1877），举兵反叛，援师背约，连战不利，于秋八月二十四日战死于城山。

　　《大公报·文学副刊》在父亲这篇文章之后，专门加了按语："刘文典君于翻译《荒木贞夫告全日本国民书》之余，又为此篇，可以相互印证，时《塘沽停战协定》甫签。今于国难纪念日登出，聊资警醒激发而已。"可见，父亲写这篇文章，与翻译《荒木贞夫告全日本国民书》的用意是一样的，都是以日本人之实、之思想来揭露日本人由来已久的侵华图谋。

八、浮海南奔，以笔为枪

　　1937 年七七事变后，为避战火，清华大学、北京大学、南开大学南下长沙，共同组成长沙临时大学，不久再次南迁昆明，更名为"国立西南联合大学"。各大高校教授纷纷撤离北平。父亲由于家里人口较多，无法及时转移，只得继续住在北池子蒙福禄馆三号。

日本人知道父亲留学日本多年，精通日语，很希望邀请父亲到伪北大任教，但遭到父亲的拒绝。为此，日本人多次到我们家搜查，并对父亲进行监视。考虑再三，父亲决定"浮海南奔"，南下昆明，继续从事教育工作。他后来在给清华大学校长梅贻琦的信里写道："典往岁浮海南奔，实抱有牺牲性命之决心，辛苦危险，皆非所计！"这是他的心里话，也是一位爱国知识分子在国家危亡之际所作出的最坚定的选择。

在西南联合大学任教期间，父亲一方面保持旺盛的教学热情，先后开设《庄子》选读"《文选》选读"中国文学批评研究""元遗山研究"等课程近10门；另一方面，继续利用课余时间，深入研究日本民族的特性，写下了多篇高瞻远瞩、颇具卓识的政论文章。这里想谈谈几篇有代表性的作品。

（一）《中国的精神文明》

1942年10月4日，刊于《云南日报》"星期论文"专栏。

父亲在文章一开篇就写道，热河失守之后，卢沟桥炮响以前，他曾在北平清华园里和"某君"有一场激烈的辩论。当时，"某君"的态度是悲观的、消极的，认为中国样样都不行，"他说中国绝对不可以和日本打仗，如果不度德、不量力的打起来，简直是自取灭亡"。这也代表了当时相当一部分知识分子的心声。

但父亲的态度却恰恰相反。他开宗明义地说，"我呢，自幼读过一点宋明先贤的书，相信文天祥、陆秀夫、史可法、张煌言诸公的精神永不会消灭，岳飞、曲端、李定国、郑成功现在仍然活着"，并引用匈牙利史学家埃密尔·莱希的名言以证心迹："自古无以战亡国者。能战者纵一时败亡，终有复兴之日，惟不敢一战之国家民族必然灭亡，且永无恢复之期耳。"因此，父亲坚定地认为，"纵然是战事毫无把握，必定亡国，为后世子孙光复旧物计，也不能不拼命一战"。尽管这场辩论并没有说服"某君"，但"各人的信念也就支配了各人的行为"，此后北平沦陷，父亲选择了南下，而"某君"则选择了留仕"大金"。

在以后的岁月里，父亲始终坚持自己的观点，认为战争拼的不是武器，不是科技，而是人心，是人的精神与思想，坚信精神确乎重于物质，中国的精神文明确乎崇高伟大。这一点，在后来的战争局势中也得到了验证："我们是物资愈加缺乏，交通更加不便的。这在西洋专家的打算法，是更无致胜之理的。但是摆在面前铁一般的事实，中国果然是'愈战愈强'，屡次大捷，世界各国一致的惊叹，称为不可思议的奇迹。"因此，父亲得出的结论是："现代炮火虽然猛烈，决战事胜败的到底还是人。"

此后，父亲还先后撰写了《中国的宗教》《中国的文学》《中国的艺术》三篇文章，作为"中国的精神文明"系列文章，从宗教信仰、文学艺术、绘画音乐等角度，进一步论证"中国固有的精神文明是崇高伟大的"，"西洋的工巧技艺、典章制度，尤其是学术思想都值得我们师法的，不过我们自己也有我们的特长，万不能因为一时有借助他人之处，就把自家原有的宝贵遗产轻轻的抛弃了"。

（二）《天地间最可怕的东西——不知道》

1942 年 11 月 8 日、9 日，连载于《中央日报》昆明版。

在这篇文章的开头，父亲自问自答，提出了战时人们思考最多的一个问题："天地间最可怕的东西是什么？是飞机大炮么？不是，不是。是山崩地震么？是大瘟疫大天灾么？也都不是。我认为天地间最可怕的，简直可以使整个世界、人类，全体归于毁灭的，就是一个'不知道'。因为任何可怕的东西，只要'知道'了就毫不可怕。任何安全无害的东西，如果'不知道'，就有绝大的危险。……所以我说，天下最可怕的东西就是这个'不知道'，只要能'知道'，可以说天地间并无什么可怕的东西了。"

从这个开头可以看出，父亲还是在强调"知己知彼，百战不殆"的道理，警醒国人要加强对日本的了解。他举例说，历史上吴王夫差因为不知道越王勾践卧薪尝胆要报仇，才会沉迷酒色，最终弄到蒙脸自刎的下场；南明的弘光皇帝因为不知道清兵不久就要杀到南京，因而一门心思都花在选美女和吃酒看戏上，结果弄到身为俘虏；桀和纣如果早知道汤武和伊尹太子在设法计算他们，恐怕也会改弦更张，预为之计……从这些古代的史实中，可以窥见一个道理："古今的兴亡发展，固然是由于必然的定理，国家大事断送在这位'不知道'先生手里的可也真不在少数了。"

从眼前的现实看，不久前，美国总统罗斯福刚刚发表"炉边谈话"，感慨"美国如果早两年扩张军备，现在的局面必然不是这样"。而事实上，世界上有许多国家因为"不知道"敌方的企图，疏于防范，结果遭受十分惨重的损失。

当然，福祸总相依，日本对全世界的祸害，本身是由于很多国家对其"不知道"，但反过来看，英美固然大吃"不知道"的亏，但日本所吃的大亏也就是这位"不知道"："他设在中国各省各县的特务机关真是无孔不入。中国从前腐败军人政客一切恶劣情形，以及社会上的许多弱点，他都调查得十分详尽，所以认定中国是绝对无抵抗力的。他的军人认定中国的军民都十分脆弱，很快的就可以征服，所以才敢于发动卢沟桥的事……可是日本和希特勒，因为不知道中国和苏联，轻于发动战事，现在纵然'知道'中国和苏联都是十分富于韧性弹性的强国，绝对不可征服的了。"

在文章的最后，父亲略带嘲讽地写道："宇宙间的事理无穷，'不知道'是永远存在，不会消灭的。我们能善用我们所知道的，就能为人类造福。"他还强调："还有一点，大多数的人虽然'不知道'，少数有远识卓见的人却是早就知道的，我们只要设法使那些有先见之明的意见能行，这不知道的祸害也就可以减少了。"

（三）《第六纵队》

1942 年 11 月 13 日，刊于《云南日报》"专论"专栏。

"第六纵队"一词，源自"第五纵队"。父亲解释说，自从轴心国在欧洲挑动西班牙内战以来，"第五纵队"就成为一个流行的名词，意指间谍、内奸、细作之流。其实这在中国的古书上也有记载，比如"军事圣经"《孙子》里就有"用间"的专论。而古今中外历史上，最善于使用第五纵队的国家，要算唐代的吐蕃，在取维州时久攻不下，就派了四个精通汉语的美女，嫁给维州守城门的军士，却又并不是以美色来诱惑劝降丈夫当汉奸，而是生了子女，等子女长大了，再叫他们半夜里把维州的城门打开，放外面的吐蕃兵一拥而入。维州就这样失守了。

但父亲认为，这样的第五纵队其实并不可怕，可怕的是另一种第五纵队，也可以称作第六纵队，即住在后方安全地带的人，身上既未破皮，又不发烧，却逢人大叫其苦，"凡是造谣言的，轻信谣言的，无理抬高物价的，因物价腾贵就悲观叫苦的，他们都是第六纵队的队员"。这班人们虽不是东京参谋本部派遣的，但他们的言行正是东京参谋本部所最高兴、最愿意的，这班人自己替敌人组成第六纵队。由此可知，父亲所指的第六纵队，就是那些对于军国大事发悲观论调的人。

在抗战的艰苦环境里，父亲清楚认识到，那些造谣传谣、煽动民心、哄抬物价等的行为，无疑为亲者痛、仇者快，事实上就是在帮助日寇。因此，他强调道："第五纵队把一城一地取去，大军一到就可以克复，所以并不可怕。唯有这种第六纵队，侵蚀整个组织的细胞，动摇国民必胜的信念。他们无意地做了国家民族的罪人而不自知，真是既可恨而又可怜的众生。我们对于这班人，一面要以慈心视之，一面也要痛痛的鞭挞策励，望他们忏悔，促他们觉悟。"

（四）《对日本应有的认识和觉悟》

1942 年 11 月 27 日、28 日，连载于《云南日报》。

文章一开头，父亲故作反语："民国二十年的秋天，九月十八日半夜里，霹雳一声，日本兵占据了沈阳。接连着占据吉林、黑龙江。几天之内失地几省。后来又进攻热河，占据冀东南十县。这时候全国人民都悲愤万状，痛心疾首。可是我个人的心里并不悲伤。因为这些事日本人是早已昌言不讳的。"

而最令人痛心的，"是一般国民对于这个紧隔壁的虎狼太不注意，太无认识，尤其可悲可叹的，是号称知识阶级的大学生，以及居于领导地位的人，说到日本侵略中国，他们自然不能不相信了。说到日本人要统一世界，许多博士硕士先生们，有的摇头冷笑，有的说'真有这回事么'，现出将信将疑的神气"。在很多人看来，日本对欧美总还是惧怯的，因而将抗战的希望寄托于英美。父亲指出日本这回有对中、俄、英、美四国同时开战的决心和准备，可许多听的人都当作是瞎话，结果发生了日本袭击珍珠港事件，"凡此等等的主张议论，不但反映出他们对于军事上缺乏常识，也可见这班人对于日本人还是没有认识，自己也没有觉悟。"

由此，父亲提出要更理性、更冷静地应对战争局势："我们中国在七七事变之后，（日本）袭击珍珠港之前，原是独立抵抗大敌，并未预先算到今天会和英美并肩作战的。现在局势演变成这样，当然是于我们有利。我们的胜利是更有把握的。但是我们早应该有一种觉悟，有一种认识。就是日本从前好比一个野兽，现在是一头负痛的野兽，自觉处境很危险的野兽了。打猎者遇见这样的野兽，是要加倍的小心，加倍的努力。古人说得好：'困兽犹斗，而况国乎。'"父亲说，一方面，我们得着了强大的盟邦，不再像从前的独力撑持，这当然是大可庆幸的；另一方面，也要觉悟到，今后打倒日本是要我们比以前加倍努力，加倍吃苦的，无论英美的海空军如何大胜，决最后胜负的还是要靠我们的陆军，"我们不但不能存半点依赖的心，还要比从前更加奋发，才可以得到最后的胜利。"

父亲虽然身在校园，但一直关心抗战战事的发展趋势。更为难能可贵的，这已经是抗战的第五年，但父亲却坚定而乐观地预言：抗日战争最终是中国必胜！

（五）《东乡和山本——从战史上推论太平洋的战局》

1942 年 12 月 2 日、3 日，连载于《云南日报》"国际论坛"专栏。

父亲在云南期间写的政论文章，多从自己熟悉的文史典故出发，比如这一篇，就是从中国古代的兵法名言写起："中国古兵法上有一句千古不磨的金言。'善战者致人，不致于人'。这寥寥的八九个字，实在是永远不可动摇的真理。翻译成所谓白话，就是说：'凡真善于打仗的，是要拣那于自己方便的地点，在自己有利的时候，打击敌人。切不可被人引到不利的地点、时间挨打。'"无论古人的兵器如何变迁、战略战术如何变化，这几乎是一条颠扑不破的真理。

顺着这句话的逻辑，父亲将日俄战争中日本海军元帅东乡平八郎与太平洋战争中日本海军总司令山本五十六的作风，进行了比较：日俄战争中，东乡的大舰队总不肯去和俄国的海军决战，而是把主力军舰放在安全的处所，直到对方的军舰来到对自己最有利的对马海峡，立即展开猛烈的格斗，最终把俄军最强大的波罗的海舰队扫荡干净，将俄国的总司令俘虏。

在太平洋战争中，山本五十六也想学东乡平八郎，冲锋陷阵的总是老旧战斗舰，最大最新的主力舰则总未露头，留在日本的近边，但是他却犯了兵法中的大忌"致于人"，即在错误的地点，于自己不利的时候，偷袭珍珠港，对同盟国宣战，"日本的海军主力虽不便远离本土，也要派一部分去争夺所罗门群岛，也不时要在南太平洋上和美国的海军打"。这就是中国古书里讲的"致于人"了，凡是"致于人"者必败，这是不变的定理。

从这种形势来推论太平洋战事的结局，父亲认为："今天的日本仍然没有第二副本钱，禁不起浪战的耗费。一岛一屿的得失，一舰一艇的沉浮都是次要的事。今天的形势非同昔比。山本纵然想学东乡，也学不成了。"

父亲从北平来到云南，仍继续从事教育工作，身在校园，却时刻关心抗战局势和国家命运。令我万分惊讶的是，他在工作之余还研究兵法，研究日本发动战争的历史。他在文章中称，"我不是军事家，也不是战史专家"，可是从这篇文章里，我们不仅能看到他对中国、对日本的战史很熟悉，而且善于从既有的历史经验出发，分析眼前的战争局势，从而得出颇有远见的结论。最终太平洋战争的结局，也印证了父亲的预判。

（六）《日本人的自杀》

1942 年 12 月 6 日，刊于《云南日报》"专论"专栏。这篇文章还有一个副题——"日本民族性的研究之一"，但似乎只写了这一篇。

这篇文章还是从历史写起。北宋著名文学家苏东坡与他的好友章惇同游仙游潭，潭下是悬崖绝壁，两岸陡狭，仅用横木架了座飞桥。章惇推东坡过去题壁，东坡吓得两股战战，而章惇却迈开大步走过去，用绳索系树，蹑着上下，神色不变，用漆墨濡笔，在石壁上大书"章惇苏轼来游"六个大字。苏东坡拍着章惇的背，不禁感慨，"能自拼命者能杀人也"。父亲顺势笔锋一转，写道："知道这个故事，懂得苏东坡这句话的，就可以了解日本人的自杀，了解日本的民族性"。

从日本的历史来看，"简直可以说是一部自杀史"。比如，日本人所最崇敬的楠木正成，并不是战死，而是转战到凑川，势均力竭，于是和他的兄弟互砍而死；赤穗四十七义士，个个都是切腹的；明治天皇大葬的夜里，陆军大将乃木希典刎喉而死……对此，父亲在文章中强调："自杀这件事的是非善恶究竟如何，那是要留待哲学家、伦理学家去讨论研究的，我们且不去管他。不过苏东坡说的一句话，'能自拼命者能杀人也'，却值得我们深深的注意。日本之'能自拼命'确乎是日本民族的强点。我们现在正和这个'能自拼命'的国家民族拼命，更要注意这一点。"

在父亲看来，这件事关系极大，"将来反攻的时候，决定战略战术，都有很重大的关系，甚至于将来战事终了之后，我们要怎样去应付这个紧邻，也都有注意到这一点的必要"。这样的判断，即便放到今天来理解，似乎也有参考意义。

（七）《日本统一世界思想之由来》

1942 年 12 月 30 日、31 日，连载于《云南日报》"专论"专栏。

父亲在这篇文章所阐述的观点，其实从九一八事变之后就一再谈起，尤其是在七七事变之后："全国被他蹂躏的地方有十几省，被他屠杀的人民有几百万，财产被他掠夺毁坏的更是巧历所不能计。我们中国人对于这个深仇大敌，似乎人人都该有深切的认识了。可是据我个人的观察，除少数有识见的人之外，一般大多数人还是不大清楚……我觉得这是我对国家的义务，要把日本'为什么非要吞灭中国不可'的所以然，著书立说，广为传播，使大家深深的明白，牢牢的记着。"

一般人大多认为，"日本在几十年前既受西洋各国的压迫，又觉悟西洋科学和近代典章制度之完备，所以发愤图强推翻幕府，变法维新，他的国家富强了，于是向外发展，侵略中国"。父亲指出，这是完全错误的认识，是"倒因为果"的，"日本是先有并吞全世界的野心，后才有推翻幕府、明治维新的事，他是为要统一世界，才肯事事效法西洋……他并不是因为富强了才要向外发展，乃是因为要想向外发展，才力图富强的，所以'统一世界'的野心是因，明治维新是果"。

从日本的历史看，西乡隆盛、江藤新平、佐藤信渊、高场乱、头山满等，无不是主张日本侵略朝鲜，吞并中国，进而称霸世界，"可见这种统一世界的妄想早已普遍的深入人心，他们的主张行为，都是代表这种理想"，而这一点，应该是世界各国都应该注意的事情。

（八）《美日太平洋大战和小说》

1943 年 2 月 22 日，刊于《云南日报》。

这篇文章很有意思，是从两部描写美日太平洋大战的小说谈起。父亲平时对这类小说不甚爱好，但并非一味沉迷于故纸堆，偶尔也会藉以消闲，而这中间有两部，"当时看着既十分有趣，今天回想起来更是回味无穷"。

一部是英国著名作家赫克特·拜沃特撰写的小说《太平洋大战》，于 1925 年出版，描述的是 1931 年美国和日本之间的假想战争。大意是，美国总统有一天突然收到日本送来的宣战书，完全出乎意料，毫无准备，只好仓促应战，结果可想而知：首先是旗舰沉没，总司令阵亡，后来是全军败退，陆军的战况更是不利。不过，美国到底不是能被人征服的，很快重振旗鼓，最终是美、英、澳联军进攻日本三岛，战事结束，美国获胜。这简直奇迹般地预言了 1941 年 12 月的日本偷袭珍珠港事件，一些战争细节甚至与真实历史有着惊人的相似之处。

另一部是日本海军高级军官冈木撰写的小说。大概情节是：某天下午，美国的"总统号"邮船在中国吴淞口外被鱼雷轰沉，而施放鱼雷的是一位日本潜艇的司令官，于是美日宣战。不过，在冈木的笔下，结局却完全不同："日本海军利用地理上的优势，真是猛虎负隅。最后是美国的大舰队被日本海军设计诱到东方，在三岛的边近决战。日本利用本土上的空军助战，把美国的大舰队消灭，战争就此结束，胜利是日本的。"不过，在父亲看来，由冈木的书上显然可以看出，日本在赌赛国力的长途竞走上不是美国的对手，但准备未完成的美国舰队自然也不会送到日本的近海来受他的"击灭"。

小说是"理想之谈"，于现实却有映照意义。国际战势正酣之际，父亲从这两部有关美日战争的小说出发，评说太平洋战事风云，指点天下局势，进一步揭露日本军国主义嘴脸，从而加深国人对日本侵略者的认识。

（九）《日寇最阴毒的地方》

1943 年 2 月 26 日，刊于《云南日报》。

父亲对于日本发动侵略战争的恨，是深入骨髓的。他在这篇文章的开头就写道："日本人可恨，这何待多说。近六七十年来，我们中国人何时何地不吃日本人的苦头。尤其是这十多年来，夺去我们许多省的锦绣山河，屠杀我们几百万的同胞，焚掠我们几万亿的财产，这样的深仇大恨，任何人是永不能忘的。"接着，笔锋一转，写道："日本人最可恨之处，是在他除了屠杀焚掠，毁灭我们的肉体和有形的财物之外，还千方百计的要想毁灭我们中国人的精神。"

父亲举例说，早在革命军北伐成功之前，日本人就在北平办了个《顺天时报》。"《顺天时报》的使命，除在政治上极力的诬蔑挑拨之外，还要想腐化中国的社会。"后来，《顺天时报》停办，但北方却出现了许多变相的《顺天时报》，由日本人出钱，豢养了许多汉奸、卖国贼在报上大肆宣传教中国人不要办学，不要研究科学，教中国人迷信神道，反对国民政府，提倡恢复封建帝制，等等。父亲还提到了往日的北大同事周作人，居然也替这类小报作文章，"真是一吹一唱，笙簧合奏，有趣极了"，"日本人的居心坏到这个地步，真令人可恨之极"。

不过，父亲也在文章中藉林语堂的一句话，"日本人所说的话都要从反面看"，不无幽默地警醒国人："现在虽说是正和日本人打仗，后方的社会上还残留着许许多多有毒害的恶思想、恶事物、恶制度，急待我们努力去铲除。要等这些旧而恶的毒害都肃清了，中国的社会才真能健全进步。要问哪些事物是该铲除肃清的，只要看日本人所拥护、所提倡的是些什么，就清清楚楚的了。这一点或者竟是日本人和其奴才等的功劳。"

（十）《日本败后我们该怎样对他》

1944 年 3 月 30 日、31 日，连载于《云南日报》"专论"专栏。

这是一篇颇具远见卓识的政论文章。可以说，也是父亲抗战文章中最为重要的一篇。主要体现在三个方面：

一是颇具远见地提出了"日本败后，我们该怎样对他"的重大命题。从文章发表的时间可以看出，当时抗战尚未结束，但父亲已经认定日本必败、中国必胜。在此基础上，他站在世界局势的高度，提出了这个现实而严肃的问题，并理性而独到发表了自己的观点："论起仇恨来，我们中国之与日本，真是仇深似海，远在法国和德国的仇恨之上。说句感情上的话，把三岛毁成一片白地，也不为残酷，不算过分。"但父亲却主张，关于国家民族的事，要从大处远处着想，不能逞一朝之忿、快一时之意："所以我的主张是，对于战败的日本务必要十分的宽大，基于这种宽大的态度，发挥我们中国固有的尚仁尚义的美德，那么，我们中国将来在和平会议上，不但不要用威力逼迫这个残破国家的遗黎，还要在伐罪之后实行吊民，极力维护这个战败后变得弱小的民族。"

二是颇具远见地提出了和平条约三主张。第一是主张不索赔款，"战胜国向战败国勒索赔款，这是我们中国礼仪之邦所想不到的办法"；第二是主张不要求日本割地，"我们早已昭告天下，绝无利人土地的野心，更不想征服别的民族，所以战事终了之后，我们只要照我们的古训'光复旧物''尽返侵地'，就算完事，绝不想索取日本的领土"；第三是主张文化上的损失必须要赔偿，"我们既不愿勒索赔款，也不要他割地，但是无数学校图书馆被日军故意毁坏，这许多文化上的损失务必要他拿'文物'来赔偿"。

三是颇具远见地提出要重视琉球问题的解决。父亲指出，虽然他不主张战后要日本割地，"但是有一点却不可不据理力争的，就是琉球这个小小的岛屿必然要归中国。这件事千万不可放松，我希望政府和国民都要一致的坚决主张，务必要连最初丧失的琉球也都收回来"。他提醒道，历史上，琉球就是中国的藩属，而更重要的是，"琉球是关系国防的要害之地，无论如何，必然要收归自己的掌握……关于这一点，政府固然要在和会上力争，国民更要一致的为政府后盾。总要举国上下，一齐努力，把这个地方收回来，切不可视为一个无足重轻的小岛，稍有疏忽，贻国家后日无穷之害"。

后来的历史证明，父亲的这些观点独到且有建设性。**1945 年日本**

投降后，中国政府对待这个战败国没有穷追猛打，果然采取了宽大的态度，没有要求赔偿，也没有要求割地。唯一的遗憾，就是国民政府当时出于各种现实的考虑，没有据理力争解决琉球主权争端问题，果然是应了父亲的那句话，"贻国家后日无穷之害"！

九、感怀吊古，以诗明志

父亲一生爱诗，曾为学生开过"温庭筠李商隐诗""元遗山诗""杜甫研究"等课程，对于诗歌创作有独到的见解，比如他提出的"观世音菩萨"一说。他本人主攻文献校勘，偶尔也写诗，但整体来看，数量不多，且由于历史原因，存留下来的更是少之又少。

2008 年，正值安徽大学八十周年华诞，又是父亲辞世五十周年。安徽省古籍办主任诸伟奇教授与本人协商，鉴于全集不全的问题，决定将尚未收入全集的父亲的诗文合编为《刘文典诗文存稿》一书，敬献给安徽大学校庆，兼以表达对父亲最深沉的纪念。《刘文典诗文存稿》由诸伟奇教授与云南大学教授、校史办主任刘兴育先生共同主编，收录了全集未收录的文章，以及父亲生前所写的三十余首（阕）诗词作品。

《刘文典诗文存稿》出版之后，本人又在报刊上找到了此前未曾发现的六首诗词。2016 年，云南大学中文系杨园副教授发现了父亲学生郑斯南先生收藏的《学稼轩诗钞》，中间有几首诗，也是此前未曾见到的。这样，到 2016 年，我收集到的父亲诗词已有 38 首（阕）。

关于父亲的诗词写作，云南大学著名教授、父亲的得意门生张文勋先生曾有一个评价："寄兴于诗词，纪事于碑诔，伤时感事，婉转沉郁，文字典雅，音韵铿锵，吟咏之间令人一唱三叹。"[1]安徽省古籍办主任诸伟奇教授在《刘文典全集·诗文辑存》中也指出："先生之诗，苍凉激越，工丽典雅，诗风取法老杜，兼具玉溪、飞卿之长，选词用字极考究。"[2]这是学术界非常专业的评价。

在我看来，父亲所作的 38 首（阙）诗词，最突出的特点是饱含着爱国热情，无论是纪事体，还是酬唱体，无不可见他高洁的道德操守与深切的忧国忧民之心，至今读来，感佩不已！

1936 年春，父亲作为清华大学访问学者前往日本京都、大阪等地访书。这是他第三次赴日。到达奈良后，途经著名日本遣唐留学生晁衡的家山，赋诗感怀：

过奈良吊晁衡

当年唐史著鸿文，怜汝来朝读典坟。

渤国有知应念我，神州多难倍思君。

苍梧海上沉明月，嫩草山头看碧云。

太息而今时世异，不修政教但兴军。

晁衡（698—770），原名阿倍仲麻吕，自幼天资聪敏，勤奋好学，尤其酷爱汉文学。唐玄宗开元五年（717 年），随遣唐使来华，改名晁衡，字巨卿，立志学习中华文化，且参加科举考试中进士。历任洛阳司经校书、门下省左补阙、左散骑常侍兼安南都护、安南节度使。晁

---

① 张文勋：《刘文典诗文存稿·序》，黄山书社，2008 年，第 2 页。

② 诸伟奇：《刘文典全集·诗文辑存·说明》，安徽大学出版社，2013 年，第 3 页。

衡"被服儒雅，诗才清妙"，与李白、王维等人交往甚密。大历五年
（770 年）病逝于长安，追赠为潞州大都督（从二品）。

　　晁衡为唐朝和日本的文化交流作出了突出贡献，是中日友好交流
的代表性人物之一。父亲赴京都、大阪访书之前，日本侵略者已经侵
占东北三省和热河等地，因而此次赴日访问，心情异常复杂，"薄游奈
良，既览春日神社、大佛寺、法隆寺、二月堂诸胜迹，怀古伤时，百
感交集，辄用温飞卿过陈琳墓诗韵，赋诗一首，吊之以识吾慨云尔"。[①]

　　父亲这首诗，首联感叹当年中日友好情形；颔联则对如今日本觊觎
中国领土表达焦虑之情；颈联引李白《哭晁卿衡》诗吊古，抚今追昔，
切入今境；尾联则感喟当今日本已不像唐朝时的友好谦逊、重视文化，
而是"不修政教但兴军"。整首诗表达的深意显然不仅仅是怀古，更是
喻今。

　　在日本访书期间，父亲还受到日本静安学会同人的盛情款待。静
安学会系京都学派著名汉学家狩野直喜、内藤虎次郎、铃木虎雄等人
为纪念王国维而组织设立，与中国学者往来密切。席上宾主谈笑风生，
情真意切，但念及时局，均皆唏嘘，父亲不禁又赋诗一首：

静安学会诸儒英招宴席上感赋

读骚作赋鬓华生，又访奇书万里行；

舟过马关魂欲断，客从神户自来迎。

既知文物原同轨，何事风波总不平；

记取今宵无限意，长期相敬莫相轻。

---

① 刘文典：《过奈良吊晁衡（并序）》，《国风》，1936 年第 8 卷 第 12 期，第 27 页。

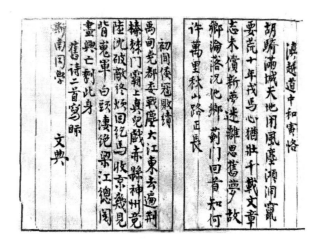

抗战时期刘文典写于南下途中的诗

　　首联感叹人生渐老，而今又重游日本。颔联"舟过马关魂欲断"记父亲想起中日甲午战争之后，中国被迫签订《马关条约》，内心的屈辱令人"魂欲断"，而如今"客从神户自来迎"，则写日本友人的好客又触发复杂联想；颈联则是不禁在内心发问：既然中日两国文化相近，同源同轨，为什么现今日本总招惹事端？尾联发出期待，愿彼此都记取今晚主客友好情谊，"长期相敬莫相轻"。战时中日关系，如汹涌波涛，父亲真切期望中日两国相互友好，避免战事进一步扩大。

　　可惜事与愿违，日本的铁蹄践踏中国河山，抗战全面爆发。1938年，父亲浮海南奔来到云南蒙自，在西南联大文法学院任教，与清华同事、好友陈寅恪、吴宓等人曾经同游南湖。陈寅恪百般感触，赋诗一首：

蒙自南湖

风物居然似旧京，荷花海子忆升平；

桥边鬓影犹明灭，楼上歌声杂醉醒。

南渡自应思往事，北归端恐待来生；

黄河难塞黄金尽，日暮关山几万程。

陈寅恪教授此诗感怀伤时，悲怆激越，不禁让父亲浮想联翩，一种知音难得的悲情让他欣然提笔，将这首诗抄录下来，后又书赠蒙自学者马竹斋先生。此件墨宝现收藏于蒙自县档案馆。

1938年8月，父亲结束了在蒙自的工作后，随联大文法学院一道迁往昆明。在回昆途中，父亲回想起陈寅恪教授的这首诗，感触良深，写下和诗一首：

滇越道中和寅恪

胡骑满城天地闭，风尘澒洞窜要荒。

十年戎马心犹壮，千载文章志未偿。

新梦迷离思旧梦，故乡沦落况他乡。

蓟门回首知何许，万里秋山路正长。

此诗开篇云"胡骑满城天地闭"，"胡骑"指代日寇，"城"即指北平。1938年4月，父亲悄然离开北平。当时日寇已经占领北平，父亲目睹满城的日本侵略军，心情十分复杂，为国家命运担忧。"十年戎马心犹壮，千载文章志未偿"，上句表达不畏侵略的浩然志气，下句隐括杜甫《偶题》"文章千古事，得失寸心知"之意，即文章既是千载事业，焉可志得意满？颈联"新梦迷离思旧梦，故乡沦落况他乡"中，"旧梦"指一年前抗战伊始心中的期望，"新梦"是指感叹如今抗战前途未卜，"故乡沦落"指故乡也已陷落敌手，"况他乡"指北平、天津等地均被日寇侵占,只得流寓云南。尾联"蓟门回首知何许,万里秋山路正长",蓟门指代北平,回想当初从北平出走,此时已遥隔万里,不知何时才能返回,但见秋色已至,征途漫漫。

昆明的生活并不平静。我清楚地记得,1941 年 4 月的一天,日寇飞机对昆明狂轰滥炸。听到警报后,父亲、母亲和我急忙离开龙翔街72 号寓所,开始"跑警报",到离家不远的虹山躲避。等日本飞机轰炸结束飞走后,我们回到寓所,眼前一片狼藉:日本飞机扔下的炸弹就在寓所附近爆炸,巨大的气浪将房子的顶部掀开了一个大窟窿,家里的衣物、书籍、杂物满地都是,到处是瓦砾、灰尘,已经无法居住。当时六叔全家居住在昆明近郊的官渡镇西庄六谷村,相对安全,于是我们全家举家迁往西庄,与六叔一家住在一起。

西庄是一个平静、秀美的地方,我们在六谷村居住了四年。时间一长,父亲竟喜欢上了这个恬静、安谧的小村庄,曾写下两首与之有关的诗歌:

西　庄

西庄地接板桥湾,小巷斜临曲水间;

不尽清流通滇海,无边爽气挹西山。

云含蟾影松阴淡,风送蛩声苇露寒;

稚子候门凝望久,一灯遥识阿爷还。

移居西庄舍南有流水松竹

绕屋松篁曲径深,幽居差幸得芳林。

浮沉浊世如鸥鸟,穿凿残编似蠹蟫。

极目关河余战骨，侧身天地竟无心。

寒宵振管知何益，永念群生一涕零。

《西庄》是一首赞美西庄秀美景色，兼以表达亲子之情的诗歌。这在父亲的诗歌中是不多见的。我与父亲、母亲情深似海。从小二老对我宠爱有加，悉心照料。1954年9月，我到四川成都工学院读书，几乎每月都会收到一封父亲亲笔写的家书，字里行间除了生活上的关心之外，更多是对我的殷切期望、教诲和关爱。四年间，我一共收到四十多封家书。我一直将父亲亲笔写的这些家书小心翼翼地珍藏着。讵料，由于众所周知的历史原因，大多损毁，仅捡回数封。如今，我将这些珍贵的家书制成册页，珍藏起来，将来留给我的后人。

《移居西庄舍南有流水松竹》写的是我们六谷村住所四周的景色：松篁绕屋，小桥流水。在战火纷飞的日子里，能生活在如此秀美景色的农居，远离敌机的轰炸，是多么庆幸！然而父亲想到更多的却是抗日前线那些为国捐躯的将士，那一堆堆白骨。寒夜里，每念及此，他就坐不住了，感叹身为一介书生，读这些书、写这些文章对为国牺牲的将士又有何用呢？想到在抗战中死去的同胞和阵亡将士，只有伤心落泪。在民族危难的艰苦岁月里，父亲念念不忘的，始终是这些为国捐躯的将士以及死去的同胞，其忧国忧民的爱国情怀，卷大可鉴！

值得一提的是，在近年新发现的父亲诗稿中，还有不少与抗战局势有关，如：

初闻倭寇败绩

禹甸尧都委战尘，大江东去遍荆榛。

棘门霸上真儿戏，赤县神州竟陆沉。

破敌终烦回纥马，收京几见背嵬军。

白头凄绝梁江总，阅尽兴旺剩此身。[①]

与从军友人夜谈归后却寄

腊尽边城百感生，萧萧木叶下重城。

月斜滇海云无影，雪满关河浪有声。

万帐雄狮朝坐甲，一灯孤馆夜谈兵。

冲寒还向西庄道，衰草迷离照落明。

通过这些新发现的诗作还可以看出，抗战期间，父亲与不少著名军事将领来往密切，如宋希濂。宋希濂，湖南人，历经重要战役数十次，有"鹰犬将军"之称。1941 年 11 月，升任第十一集团军总司令，兼昆明防守司令，与父亲时有往来。父亲曾在一首诗中表达对于这位抗战将领的敬意：

上将（即席赋赠宋希濂将军）

上将专征拥节旄，勋铭鼎铉姓名高。

九边猛毅宵鸣镝，六郡良家夜带刀。

金马云屯开间气，石鳢月冷涌惊涛。

西陲又报传烽急，谁念三军转战劳。

---

① 刘文典：《初闻倭寇败绩》，见刘平章编《学稼轩诗词钞》，未刊本，第 21 页。

对于父亲与宋希濂的交往，西南联大时期的学生任继愈曾有回忆："刘先生精考订，哲学、文学修养也很高。他曾赴云南西部滇缅战线慰劳前线将士。刘先生回来，在课堂上说起在宋希濂军部，即席赋诗祝捷。他吟诵其中的二首。他习惯于叼着香烟讲话，有些字句听不清，有句云：'春风绝塞吹芳草，落日荒城照大旗。海外忽传收澳北，天兵已报过泸西。'刘先生讲，杜甫有'落日照大旗'句，这里古典今用，写出了军营气势。他得意地念了两遍，所以记住了。"[①]任继愈文中所提及的诗，应为"吟诵其中的二首"中的另一首，全诗为：

天兵西

雪山万尺点苍低，七莘军声散马蹄。

海战方闻收澳北，天兵已报过泸西。

春风绝塞吹芳草，落日荒城照大旗。

庾信生平萧瑟甚，穷边垂老听征鼙。

1944 年 6 月 4 日，中国远征军第十一集团军在卫立煌、宋希濂的指挥下，强渡怒江，向据守在怒江西岸松山上的侵华日军第五十六师团一一三联队发起强攻。"滇西远征军为配合策应驻印之远征军对缅甸缅北之攻势，于 1944 年夏季进攻滇西，远征军司令长官卫立煌驻防保山，以二十集团军总司令霍揆彰为右翼，率五十三军、五十四军、预备二师及三十六军向腾冲推进，以十一集团军总司令宋希濂为左翼率

---

①　任继愈：《念旧企新：任继愈自述》，人民日报出版社，2011 年，第 119—120 页。

第六军、第八军、第七十一军向惠通桥、松山、龙陵推进。"①新编陆军第八军奉命担任松山主攻任务，经过 95 个日夜的浴血奋战，于同年 8 月全歼松山守敌三千余人。1947 年 9 月初，陆军第八军滇西战役阵亡将士纪念碑在昆明圆通山落成，9 月 7 日出版的《西南导报》编发了《陆军第八军滇西战役阵亡将士纪念碑落成特刊》，即载有父亲此诗。

在新发现的父亲诗集自印稿中，还找到了他与国民党将领甘丽初往来的记录。甘丽初，广西人，黄埔陆军军官学校第一期毕业生，曾参加北伐战争、中原大战、台儿庄战役等重大战事，屡立奇功，1942 年春率部入缅甸与日军作战，遭遇惨败，后退至云南思茅、普洱一带。《赠甘丽初将军》应写于此前后，虽为应酬之作，但亦表达出父亲内心对于抗日军人的崇敬之情：

赠甘丽初将军

专征杖钺赋同仇，铜柱勋名指顾收。

上将旌旗辉丽日，严城鼓角动清秋。

三边猛锐争超距，四海贤豪共唱酬。

王粲春来游兴减，偶随幕府一登楼。

由此可知，在家国危难的历史大背景下，父亲这一代知识分子的精神底色永远是儒家奉为圭臬的"横渠四句"："为天地立心，为生民立命，为往圣继绝学，为万世开太平。"

---

① 云南省档案馆编：《抗战时期的云南社会》，云南人民出版社，2005 年，第 171—172 页。

十、情系桑梓，尽捐珍藏

父亲先是在北平生活、工作，后来南下昆明继续从事教学科研工作，前后凡四十余年。为了教学和学术研究的需要，他曾花费重金搜集、购买了近千册珍贵书籍，收藏了部分明清名家的手稿、字册和绘画等。他一直有个心愿，就是等自己百年之后，将这些珍藏捐给家乡。

1935 年，他在致安徽省立图书馆馆长陈东原先生的信中写道："弟在北平近二十年，所得脩金，半以购书，虽尤力收藏珍贵刊本，然性好校勘考订，所校古籍颇多，惟恨学力太浅，于经史绝少订正。仅致力于选学、诸子与集部耳。现与内子商定，在弟生存时，既须作教书之参考，又赖此销忧养生。一旦先犬马、填沟壑，定当以其较难得者、曾详加订正者捐赠贵馆。"在这封信里，父亲清楚地表达了日后将多年收藏的珍贵书籍捐赠给家乡图书馆的意愿。

如前所述，抗战期间，父亲的藏书被日寇劫走，生前曾千方百计追寻藏书下落，久久无果，只得在临终前留下遗愿，希望母亲和我继续寻找他的藏书。数十年过去了，在许多朋友的关心协助下，我和家人近年终于查找到了藏书的下落，只可惜由于历史、现实等原因，虽经多番努力，但此批藏书依然未能如愿索回，仍保存在台湾台北科技大学图书馆的特藏室里。这样一来，父亲在 20 世纪 30 年代许诺将所藏图书捐给家乡的愿望就无法实现。这是颇让人遗憾的事情。

父亲生前留下的另一个遗愿便是将他生前收藏的珍贵文物捐赠给家乡。他在北平生活期间，收藏了不少名人手稿、字画，如清代桐城派开山祖师方苞的手稿。书稿笔致古朴，中见清逸，稿中墨笔涂乙，朱笔改定，丹铅灿然，殊足玩味，从中可以窥见作者当时苦心推敲、思虑往复的写作轨迹。九一八事变后，经著名藏书家傅增湘先生介绍，父亲花 200 元购得此书稿。傅增湘先生专门为之撰写了《望溪手稿题跋》。这 61 幅手稿，纸墨俱佳，是方苞书法完整的再现，是清代极为珍贵的墨宝，具有极其珍贵的价值。父亲不以购得此珍品而束之高阁，主动找人将手稿影抄一份，寄给安徽省立图书馆珍藏。为此，1932 年 7 月 12 日，陈东原馆长特意致函父亲表达谢意："承允将尊壁珍藏之望溪手稿影印或抄存省馆，感何可言！"此手稿也嘉惠学林，著名收藏家刘声木先生曾提到，他曾请陈东原馆长代为介绍，想照原手稿影抄一份，父亲慨然应允，这令刘声木先生大为感慨："窃思声木与陈、刘二君本不相识，一纸函求，皆蒙允诺。……三君之雅量厚谊，成人之美，

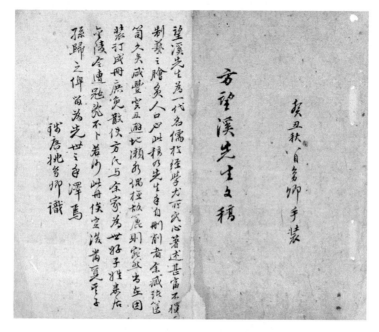

刘文典家人捐赠给安徽省博物馆的方苞手稿

不让古人。"① 1959 年 7 月，遵照父亲的遗愿，母亲将此手稿连同其他珍贵文物一并捐献给安徽省政府，现收藏于安徽博物院。

敬献给安徽省政府的文物还有：明末书画一代宗师董其昌的 12 幅字册；清代学者孙星衍、郝懿行、胡承珙、马端辰等人的手札；清代集帖学之大成者刘墉、乾隆二十八年进士沈初和书画大家王杰、董浩等人的书法真迹；"秦淮八艳"之一马守贞的"兰竹"绘画；"秦淮八艳"之一顾横波的"水仙"绘画；魏三体石经拓本；周墓志拓片；仿古瓷碗；等等。

其中，父亲收藏的六件名人手札，曾专门恭请胡适先生为之作跋。胡适先生在跋中写道："刘叔雅收藏的清代学者手迹六件，一为郝懿行与人书信，余五件为孙星衍诸人写给郝懿行的书札。六件都是从栖霞郝家流出的。右诸件之中藏口的两纸长书最可供参考……古人治学肯相助如此，肯虚心服善如此。"这六件名家手札，本已是珍贵之物，再加上胡适先生的题跋，就更加珍贵了。

---

① 刘声木：《苌楚斋六笔卷二一则》，见方苞《方望溪遗集》，徐天祥、陈蕾点校，黄山书社，1990 年，第 170 页。

不是尾声的尾声

    安徽文史学者戴健早年有一篇写父亲的文章，标题是《由求学问的爱国者到爱国的学问家》，高度概括了父亲的一生，我觉得非常准确。

    父亲的一生，经历了中国近现代历史上的巨大变迁，从早年积极投身民主革命，到后来嬗变为从事高等教育的大学教授，个体的命运与时代的波折紧紧相连。一方面，心系家国命运，以新知识、新思想启蒙国人，并亲自投身民主革命，始终坚定爱国热忱；另一方面，潜心国故整理，造诣精深，著述宏富，通过手中之笔，传承传统文化。

    1948年底，国民党在大陆的气数殆尽，计划败走台湾。当局拟订了"抢救大陆学人计划"，动员优秀的学者前往台湾。胡适先生深知父亲不会乐于跟随蒋介石去台湾，便谋划着送我们一家三口去美国，主动为我们联系好了在美国的住所，并办好了入境签证，但父亲婉拒了老朋友的好意，说："我是中国人，为什么要离开自己的祖国？"

　　新中国成立之后，新政府求贤若渴，父亲也受到了较好的对待。据安徽省合肥市原市委书记李广涛回忆，他曾向安徽省委推荐父亲担任安徽省副省长。时任安徽省委第　书记曾希圣当即派秘书长前往云南商谈，但云南以当地"严重缺乏人才"为由婉拒。①

　　作为一位著名学者和爱国知识分子，1956 年，父亲被评为国家一级教授，是云南省文科教授中唯一的一位；同年，增补为第二届全国政协委员。可以说，党和政府给予了父亲政治上、学术上最高的荣誉与认可。

　　父亲对新中国的到来也充满了喜悦之情。1956 年 4 月，父亲参加全国政协会议结束后回到昆明，接着参加云南省政协第一届第二次会议，在一次全体会议上，他发言汇报自己赴京参加全国政协会议的感受："我离开北京将近二十年了，这一次才回到祖国的首都。回想卢沟桥事变后，北京沦陷，我在敌伪压迫之下逃出北京，是什么情况！二十年后，感谢共产党、毛主席领导中国人民把日本人赶走，解放了北京，解放了全中国，我以中华人民共和国主人的资格，又回到祖国的首都来，心里的感动、兴奋真不是语言文字所能形容的。一下火车后，先到天安门，看看那一对华表，真是悲喜交集、落下泪来，要不是共产党几十年的奋斗牺牲，毛主席的英明领导，从敌人的手里夺回北京、解放北京，我能够以政协委员的资格回来吗？"其喜悦的心情，溢于言表！

　　在此次会议期间，父亲还受到了毛主席的接见。毛主席见到他后，

---

① 李广涛口述，李鲁玲、李军林整理：《百年自述：一个合肥人的足迹》，安徽人民出版社，2013 年，第 8 页。

问："你最近在研究什么？"父亲回答："我在研究杜诗，研究完杜诗，再研究白居易。"毛主席说："很好。"这对父亲来说，是一次难忘的经历。他说，他当时就坚定了献身给社会主义文化建设事业的誓愿和决心。[①]

1957 年 3 月，父亲又一次进京参加全国政协会议，且受邀发言。他借用了老子的三句话来表达自己的政治观点——"生而不有""为而不恃"和"长而不宰"，这也是中国古代最高的政治理想。他指出，"生而不有"，即只有创造，没有独占；"为而不恃"，即做出成绩，毫无骄傲自满之意；"长而不宰"，即决不独断独行。在发言中，他满怀激动地表示："总的说来，中国古代政治哲学的崇高理想，今天由毛主席领导的共产党用马列主义的理论结合中国的实际——的实现了。我很侥幸的、很光荣的赶上了这个大时代，更高兴的是以一个九三学社的成员来做一个共产党的助手。我愿意献出我的余生，献出我的全力，为国家社会主义文化而奋斗。"

父亲回昆后，有一天，他的学生陈红映（1956 年云大中文系研究生毕业，后任云大教授）来到家里，讨论完学术问题之后，话题转到父亲在全国政协会议上的发言。父亲说："我是想借老子的理想寄托我对中国共产党的期望。'生而不有，为而不恃，长而不宰'的后一句'领导而不专断'是主要的。"陈红映听后深有感触，"顿时豁然开朗"。这也可以看出，父亲不仅衷心拥护共产党，而且对祖国美好的未来抱有无限向往。

1957 年 10 月 6 日，他曾给我写信介绍近况，言辞之间难掩激动心

---

① 张友铭：《刘文典教授见到了毛主席》，云南大学校刊《云大》，1956 年 5 月 12 日。

情:"我的工作几乎全是政治,今春在京一月,回昆后即开省政协,接着是人民代表大会,……大约今年是不得完的。"从信里完全可以看出,他已经基本适应了新社会的政治生态和生活方式。正如这年8月他在《云南日报》发表的《我国学术界的大喜事》一文中所说:"我希望党和政府加强对知识分子的领导,而知识分子们也要努力作自我改造,努力向科学进军,争取做一个红色的专家和战士,为祖国社会主义文化事业作出出色的贡献。"

1958年是父亲生命的最后岁月。据原云大图书馆离休干部张传在《我所认识的刘文典先生》一文中所写:"云大开展的'整风交心运动'的时间,是1958年的5、6、7月,先生写的检查是这段时间之内。当时刘文典先生时常吐血,已查出患有肺癌,重病缠身,体质极度虚弱,连路都不能走了,但还要去接受不分白天黑夜的连续批判,做检查,身心备受摧残与磨难,终因心力交瘁,于1958年7月15日黯然离开人世。他终于从那无尽无休的揭发、检查、批判、斗争的煎熬中得到了解脱。"

在4月的一次"交心运动"批判会后,父亲由吴进仁先生陪同回家,在路上吐了几口血。吴先生急忙送他到医院检查,结果确诊是肺癌晚期,但这也没有逃过狂风暴雨。父亲在接受连续不断的批判后,不得不忍辱作了两次检查,内心异常沉重,压力可想而知,最终突发脑溢血,撒手人寰,就这样永远离开了我们!

1962年6月10日,云大党委根据中共中央《关于加速进行党员、干部甄别工作的通知》,对在历次政治运动中受到过批判、处分的人进行甄别,并就前一阶段搞错了的批判,进行"一再的道歉"的精神,召开团结大会。许多老教师在会上谈及父亲被错误批判一事,纷纷为之不平。云大党委办公室编印的《情况反映》第208期记录了会上的发言，现摘抄于下："关于刘文典问题的意见，中文系教授张为骐说：那天晚上的甄别会，党委提出了张若名来，'我还想提出刘叔雅（刘文典）先生来。刘先生的死，也是死得冤冤枉枉的，他交心交出一首诗来，他不说，谁也不知道，他一说是反动，就抓住他这一点来整，晚上整到四五点钟，他支持不住，就只好睡在中文系的沙发上。有一晚上是搀着回去，他就是在这样的压力下气死的。死后是中央来电慰问，才开那样的一个追悼会，冷冷清清……他不死，他说过五年内要拿出两部书来，一部是校勘方面的，一部是《论〈文心雕龙〉》，由他、我同吴进仁来搞。他不死，不是可以著出两部书来了，那是多大的贡献。'外语系教授秦瓒说：'……最可惜的是叔雅，他那时年纪还不到七十，精神也很好，不死可以活到现在，他也是国内有名的学者，校勘学是没有赶过他，还长于子书，诗都是其次，不说在云南找不出，在国内也找不出几个来。'……体育教研室教授杨元坤说：'在运动中，把刘文典当成权威来打。在学术上只要真有本事，能成权威是好事，为什么要打倒呢？'……王士魁还和我谈到刘文典的问题。这使老教师感到寒心。"

父亲在云大走过了人生的最后岁月。他卓越的学术成就、极富个性的人格魅力，给人们留下了极为深刻的印象，为世人广为传扬。颇感欣慰的是，为纪念父亲，总结他的学术遗产，弘扬他的学术精神，安徽和云南方面联手推出了《刘文典全集》，后来还出了增订本。2016年11月，中央电视台10套纪录片频道录制专题纪录片《先生·刘文典》，全面介绍父亲的学术人生。九三学社中央委员会将设在安徽大学的刘文典纪念室确定为"全国传统教育基地"、九三学社云南省委员会将设在昆明官渡古镇的"刘文典先生在云南"陈列室确定为"云南省传统教育基地"。安徽大学、云南大学、安徽师范大学、怀宁独秀公园等分别敬立了父亲的铜像。安徽大学不仅开创了"文典班",优中选优,开展通识教育;还设立了"文典大讲堂",定期举办全国性高层次学术报告。云南大学新校区开辟的东陆文化碑廊里,也镌刻有父亲的诗文手迹。2016 年 12 月,正值父亲诞辰 125 周年之际,云南大学隆重举办纪念国学大师刘文典诞辰 125 周年学术研讨会。全国各地从事古典文学等方面的专家、学者欢聚春城,共襄盛会……逝者远去,而父亲的学者风范将永远铭记在人们心里。

纵观父亲的一生,我以为安徽省人大常委会原副主任苏平凡先生在 1999 年 8 月 2 日《刘文典全集》首发式上的讲话,是对父亲人生最中肯的评价:"刘文典先生是我国著名学者,在长达数十年的岁月里他潜心教育、潜心学术,……他的著述精深邃密,具有很高的学术价值,对当时和后世学术界,有着重要的影响。……筚路蓝缕,与皖省有识之士一起,创办安徽大学,为我省教育事业作出不可磨灭的贡献。刘文典一生热爱祖国、热爱家乡、热爱教育、热爱学术,他的人品学问,永远值得我们怀念和敬仰!"

我最敬爱的父亲,是我心中的一座伟岸丰碑!我为自己有这样一位赢得世人敬重的父亲而深感荣幸和骄傲!我及家人将世世代代、永远怀念我最亲爱的父亲!

附录：三伯父刘文典被劫藏书追踪记

刘明章

1958 年，三伯父深感自己已经时日无多了。他向三大①张秋华作了后事交代：落叶要归根，待他去世以后，一定要将他的遗体运回安徽怀宁老家安葬。他要长眠于一生眷恋的故土之上。他还特意叮嘱，将他多年收藏的一些名人字画等珍贵文物，捐给家乡政府部门或博物馆。

而最让他牵挂的，则是半辈子的心血、最珍贵的收藏——被日寇劫走的四大箱藏书，一直下落不明。记得二十世纪三十年代时，他曾致信安徽省立图书馆馆长陈东原先生称："弟在北平近二十年，所得脩金，半以购书，虽无力收藏珍贵刊本，然性好校勘考订，所校古籍颇多……现与内子商定，在弟生存时，既须作教书之参考，又赖此销忧

---

① 即三伯母。

养生。一旦先犬马、填沟壑，定当以其较难得者、曾详加订正者捐赠
贵馆。"因此，三伯父希望三大和孩子在他身后继续寻找被劫藏书，以
了却自己多年回馈乡邦文化的心愿。

秉承遗愿

1958 年 7 月 15 日，三伯父走完了人生最后的历程，撒手人寰。一
年后，三大遵照三伯父生前的嘱咐，带着他生前收藏的珍贵文物回到
故乡安徽，将之捐给安徽省人民政府。这批文物包括：清代影响最大的
文学流派——桐城派开山鼻祖方苞的二大帙六十一幅手稿；明朝末年一
代书法绘画宗师——董其昌的十二幅字册；明末"秦淮八艳"中擅长丹
青的名妓马守贞和顾横波的画作；清代著名学者、书法大家孙星衍、郝
懿行等人的手札；清代著名书画大家刘墉、沈初等四人的字幅；三国魏
齐王曹正芳刊立的魏三体石经拓本以及清代瓷品等，共 15 件。

1960 年，平章二哥将三伯父的骨灰送至安徽怀宁（今属安庆市）
高家山安葬。

在三大和平章二哥的努力下，三伯父的遗愿完成了两项，唯有找
回被劫藏书一项没有一丝一毫进展。这也成了三大和平章二哥时时牵
挂之事。1961 年，为寻找藏书下落，平章二哥与三大商量，决定给周
恩来总理写信，请求从政府层面与日本交涉，了解藏书去向。信函发
出不久，便接到总理办公厅回函，称"鉴于中日关系尚未恢复，目前
暂不宜提及这件事"。寻书之事又不得不搁浅了。1979 年 8 月，三大
去世。临终前，她再三嘱咐平章二哥，一定要千方百计寻找藏书下落，
以了却三伯父的最后遗愿。

光阴荏苒，几十年过去了，平章二哥时刻铭记三伯父的遗愿和三大的嘱托，不遗余力在寻书路上披荆斩棘、一路前行。可是，三伯父的珍贵藏书到底流落在哪里，始终没有消息。

平章二哥在 20 世纪 90 年代退休后，更是将寻觅藏书下落、出版三伯父著作作为生活中的重要内容。他多次对我说："大大（安徽土话，即孩子对父亲的称谓，读音：dā）生前对我十分疼爱，他在世时，我一直在读书。刚刚大学毕业，可以报答他老的养育之恩的时候，他却早早去世。这些年来，为尽孝道，我致力于整理出版大大的著作，同时，千方百计寻觅大大的被劫藏书。我以为，完成他的遗愿，寻觅到他的珍贵藏书，是我孝敬他老人家的最好方式，也是我对他老人家最好的报答！"

多年来，为了寻觅藏书，平章二哥动员孩子们和要好的朋友一道参与，如痴如迷。1988 年 5 月，平章二哥的小女儿刘维将与丈夫欧文一道去美国定居。离开中国之前，她与丈夫从深圳回到昆明，探望父母和两个姐姐，与他们道别。5 月 18 日这天晚饭后，他们一家人围坐在客厅里。平章二哥在闲谈中将话题转到三伯父藏书一事上，对刘维和欧文说道："你们爷爷的藏书被日本人抢走后，至今下落不明。过去为此事，我曾经给你们讲过。这些年，我一直在想方设法打听这批藏书的下落，却没有任何结果。这批藏书在抗战胜利后，盟军总部曾通过当时的国民政府通知你们的爷爷。爷爷办理了相关手续，结果石沉大海，藏书不知去向。你们此去美国，能否找个机会去一趟麦克阿瑟纪念馆？麦克阿瑟二战期间任盟军总司令。听说麦克阿瑟将军去世后，国家在他的家乡为他专门修建了一座纪念馆，你们设法去那里看看，在纪念馆的档案里有没有关于你们爷爷藏书的线索。"

　　父亲语重心长的嘱托，令刘维心绪起伏，感慨万千。小的时候，父亲经常给她们姊妹仨讲起爷爷的许多往事。她知道爷爷小时候绝顶聪明，有超常的记忆力，年轻时到日本留学，精通几门外语，26岁就担任北京大学教授，是位大学问家；她还知道爷爷青年时代曾加入革命党，任孙中山的英文秘书，积极参加民主革命；印象特别深的是，爷爷担任安徽大学校长时，当面顶撞蒋介石，痛斥蒋是新军阀……她从心底里十分钦佩爷爷的胆识和勇气。家里的客厅正中墙上挂着太老师太炎老先生送给爷爷的那一副对联，正是对爷爷为人正直、威武不屈的最高礼赞。在刘维心中，爷爷是一个坚持真埋、刚正不阿、疾恶如仇的人，是一个学识渊博、令她崇敬的人。

　　刘维想到，爷爷一生致力于教育和学术研究，学术成就硕果累累。而这些硕果的取得与爷爷多年来搜集的书籍密不可分，珍藏的书籍发挥了巨大作用。因此，爷爷视书籍如生命。只可惜，爷爷珍藏的书籍在抗战期间惨遭劫掠，至今下落不明。爷爷生前一直在努力寻找藏书下落，却无任何结果，带着深深的遗憾与世长辞。父亲秉承爷爷的嘱托，几十年来千方百计找寻藏书下落，仍是迷雾一团。父亲对自己和欧文郑重其事地提及寻找藏书线索一事，这是父亲的信任与托付，也是自己作为家里第三代人责无旁贷之事啊！

　　刘维与欧文离开中国后，来到欧文父母所在地——美国加利福尼亚州拉斯维加斯，开始了异国他乡的新生活。安顿下来后，她一方面忙于工作和家庭生活，另一方面总在思考如何协助父亲寻找藏书的线索。工作之余，她与欧文的话题之一就是如何寻找藏书线索。她与欧文商量，决定利用工作空暇，先去一趟弗吉尼亚州诺福市的麦克阿瑟纪念馆。1990年5月，他们来到坐落在美国东海岸的诺福市，经人指点，来到原市政厅广场。麦克阿瑟纪念馆就坐落在广场旁的绿树掩映之中。这是一座三层楼房，拱形的圆顶，恰似白宫的主楼结构。据介绍，这里原来是诺福市的市政厅，后来诺福市的议会为纪念麦克阿瑟将军这一城市的英雄，决定将市政厅迁走，将这里改建成麦克阿瑟纪念馆。纪念馆庄重、肃穆，工作人员也很热情。在刘维说明来意后，工作人员翻阅了有关档案，却没有发现有关盟军总部办理藏书归还的有关记录。工作人员告诉她，日本在中国劫掠的东西多不胜数，二战结束后是否已经办理归还手续，因涉及面太广、数目繁多，档案无法保存这些细微的信息。麦克阿瑟纪念馆之行，无功而返。

1993 年 8 月，欧文出差前往日本东京，刘维认为这是一次到日本查询爷爷藏书线索的好机会，便叮嘱欧文："你到日本，抽空到日本有名气的大学图书馆里看看有没有爷爷藏书的线索。"在日期间，欧文忙里偷闲，抽空去了日本东京著名的帝国大学图书馆，翻看了其对外开放的图书目录，果真发现有爷爷的一些著作，如《淮南鸿烈集解》《庄子补正》《三余札记》等，然而，却查找不到爷爷藏书的丝毫信息。欧文就藏书一事专门询问了图书馆的工作人员，问学校是否收藏刘文典的藏书？工作人员一问三不知，更不提供任何资料。东京帝国大学之行，又扑了个空。

欧文并未气馁，与刘维商量后，以刘维的名义给日本驻美国大使馆写去一封信，讲述了爷爷藏书抗战期间被劫、抗战后盟军总部曾联系归还等有关情况，希望使馆方面协助查找被劫藏书的线索，提供这批藏书在二战后何时上缴盟军总部、上缴和归还的具体时间等有关记录。日本驻美大使馆接信后未予回复，向日方查寻藏书的大门也被紧紧关闭了。

2003 年 6 月，由于工作需要，刘维回到中国，在深圳长住下来。2005 年春节，刘维回到久别的昆明探望父母，将在美国、日本等地打听爷爷藏书所做的工作一详细告诉父亲。平章二哥为女儿所付出的努力感到欣慰。

听了女儿的讲述后，他对刘维说道:"这些年，我在国内为寻找你爷爷的藏书和出版你爷爷的著作，结识了不少朋友，他们都非常热心地协助我寻找藏书的线索。特别是云南大学校史办公室副主任刘兴育先生，为帮助查找藏书线索做了大量工作。"平章二哥接着说:"刘兴育先生多年来从事学校校史的搜集、整理和编纂工作。你爷爷在云大工作长达十五年之久，是学校最有名望的教授，也是唯一的国家一级教授。刘兴育先生对你爷爷的往事特别有兴趣，将之作为研究工作的重点对象，写了许多篇有关你爷爷的文章。为此，我与他结成了莫逆之交。我多年努力寻觅爷爷藏书一事，他也十分关注，积极协助我寻找藏书线索。他花费了大量时间和精力，利用工作之便，到省档案馆，从浩瀚的历史档案中查询有关资料。"平章二哥特别兴奋地告诉刘维:"刘兴育先生在这些历史档案中查找到与你爷爷相关的四份重要档案资料，充分说明抗战后日本业已归还你爷爷的被劫藏书，上交到盟军总部。爷爷也按照要求填报了财产损失报告单和书面财产损失报告。但现在的问题是，日本归还藏书是何时？由谁接收？接收以后这批藏书又流落到哪里去了？我们目前需要做的工作就是继续寻找藏书下落。"说着，平章二哥又将由他主编的《刘文典传闻轶事》一书交到刘维手中:"这本书收集了你爷爷的朋友、学生以及多年来十分关心他老人家的人士撰写的有关你爷爷的文章，你可以从中进一步了解你爷爷的为人处世、学术文章。书中也有刘兴育先生撰写的有关你爷爷藏书手稿如何流失日本的文章，你抽空好好读读这本书。"平章二哥还将刘兴育先生从云南省档案馆查找到的有关档案资料复印件交给了刘维。

　　回到深圳后，刘维一遍又一遍地翻阅有关爷爷藏书的四份档案资料。第一份档案资料系民国三十六年（1947 年）十一月三日国民政府教育部代电云南大学转爷爷的电文。①此电报称："东京上野图书馆存有被劫之我国图书 580 箱，该项书籍均系自香港所劫取，照盟军总部所规定，须由我国政府咨请香港政府向总部申请归还，方可由本国接收。"又称："即请贵部分别转知该项被劫书籍所有权人国立北平图书（馆）等（九单位人名），就（一）关于被劫书籍之详细记载（例如书版记号等）；（二）所有权之证明；（三）被劫情形（简单说明）等项，依照本会京（卅六）二字第 1058 号函所开合并填报方法分别填明。"此电报是国民政府教育部转中华民国驻日代表团日本赔偿及归还物资接收委员会（下简称日本赔偿归还物资接收委员会）的电文，非常明确地表明在东京上野图书馆存有爷爷在香港被劫的藏书，同时指出爷爷是这批书籍的所有权人之一。

　　第二份档案资料系上文提到的附件，即赔偿归还委员会京（卅六）二字第 1058 号公函，称："关于请还敌劫物资一案，前经于三十五年十月廿六日电附本会制订调查要点及表式，暨三十六年三月廿七日电附盟军总部新订声请归还劫物表格（英文），请查照转知填表各在案……兹为手续简便，并使申请人易于明了应行填报事项，特再详细说明，合并填报方法如次。"②后文详细罗列了申请归还被劫物资的五种填报方法，其中特别强调"填明所有权之来由及所有权人姓名、住址"。

第三份档案资料是爷爷于民国三十六年七月四日填报的财产损失报告单①。此报告单是爷爷按照盟军总部要求亲笔填报的。就被劫藏书一栏填写如下：损失时间——香港沦陷后；事件——乱兵掠夺；地点——香港；损失项目——中西贵重书籍；购买年月——历年购买；数量——四大板箱；价值——国币伍万元。

第四份档案资料是爷爷于民国三十六年十一月十八日亲笔书写的个人财产损失书面报告②，请云南大学总务处代为转呈："本人有书籍两大箱，于抗战期间香港沦陷时遗失，兹奉教部代电得稔该项损失书籍现存日本东京上野图书馆，谨遵照规定办法，填具中英文声请书各四份，连同教部代电及附发各件，请尊处代为呈转为荷。"

在研究这几份十分珍贵的档案资料后，刘维将父亲送给她的《刘文典传闻轶事》一书反复认真阅读，对爷爷有了进一步的了解。她下决心继续协助父亲寻找爷爷的被劫藏书，早日了却爷爷生前寻书的遗愿。

爷爷的藏书究竟在哪里？从哪里入手去寻找藏书的有关信息？自从昆明回到深圳后，这些问题一直萦绕在刘维的脑海里。她想到了网络。随着时代的发展、科技的进步，网络可以为人类提供浩繁的信息，其容量可以说大到无以复加的地步。刘维坚信，只要坚持不懈地搜索，一定可以从浩渺无边的网络世界里寻找到答案。由于工作业务的需要，刘维几乎天天都要与网络打交道，操作电脑对于她来说是轻车熟路。每天工作之余，她总要在百度、新浪等网页上苦苦搜索，希望通过网

---

① 现存云南省档案馆。
② 现在云南省档案馆。

络找到相关信息。

2005 年 4 月 19 日晚饭后，欧文与孩子们在客厅里观看电视节目，刘维仍心系着爷爷的藏书，她一人来到书房，打开电脑，在网页上搜索藏书信息，电脑屏幕上仍无任何反应。她踱到客厅与家人一道观看电视，不久便回到卧室睡觉去了。不知怎地，她躺在床上却怎么也睡不着觉，是天气热吗？不是。四月深圳的天气逐渐热起来了，家里不是安装有空调吗？空调是打开的，室内温度适中，怎么会热得睡不着觉呢？时钟在滴滴答答作响，是那么清晰，已是午夜时分，她仍旧无法入眠，难道又是一个无眠之夜？既然睡不着，她索性下床，穿好衣服来到书房，又将电脑打开，在网上"漫游"。她用鼠标点击新浪网，接着点击"读书频道"，看着看着，突然间，电脑屏幕上出现以下文字：

战时图书典籍之损失

连载：《大劫难》　作者：孟国祥

中山大学图书馆"总馆香港存书凡 25708 册，其中善本及志书各占半数，另有碑帖 3 万张为稀世珍品。自离粤后，曾经数次电请运回内地，但以时间及经费关系，当局一再延误，至香港沦陷后，遂遭损失"。(《国立中山大学图书馆工作报告》，中国第二历史档案馆档案，全5（2），卷 888。)

1949 年 3 月 1 日，从日本运回在港被劫书籍两批，计刘文典教授之书籍 646 册分装 3 箱，岭南大学书籍 278 册、手册 400 册装 6 箱。(国民政府教育部档案，全5（2），卷 915。)

1949 年 6 月 28 日，兴安轮从日本运回中山大学之归还书籍 594 箱。(《关于兴安轮运回中山大学之归还书籍缺少情形函请查照由》，中国第二历史档案馆档案，全5（2），卷917。）[①]

看着电脑屏幕上的这一行行文字，刘维的心跳加快，一开始她不敢相信眼前屏幕上的文字是真的，屏住呼吸，经过再三阅读后，终于确认这正是她几年来苦苦寻找的最重要的线索之一。爷爷被劫藏书的数量有了！运回中国的时间有了！这一信息至少证实了爷爷的藏书已不在日本，而是运回国内了。尽管尚不知道这批藏书由日本归还后运到何处，如今又收藏在哪里，但无论如何，今天得到的信息已经令她激动不已。她连忙跑进卧室，将熟睡的欧文叫醒，让他也来分享她此时的快乐！

第二天清早，刘维拨通了昆明家中的电话，兴奋地对父亲说："爸爸，告诉您一个特好消息，我昨晚在网上查到了爷爷藏书的一个重要信息。日本归还爷爷的藏书一共646册，分装3箱，于1949年3月1日从日本运回中国。这一线索是新浪网转载孟国祥所著《大劫难》一书上记载的内容。资料来源是中国第二历史档案馆。我在网上搜索到孟国祥是南京医科大学医政学院教授、院长，如果需要进一步了解情况，一方面可到书店购买《大劫难》这本书；另一方面可以到南京中国第二历史档案馆查询、核对相关资料。"

听到女儿从深圳打来的电话，平章二哥激动万分：多年寻觅藏书，终于有了新的发现，在寻书的征途中，女儿立了大功！高兴之余，他想到这一信息非常重要，真是"踏破铁鞋无觅处，得来全不费工夫"！在平章二哥的记忆里，从云南省档案馆的档案资料里显示先父藏书有4

[①]　新浪网——"新浪读书"栏目，2005年4月19日。

箱，从日本运回只有3箱，另一箱不知道流落在哪里。3箱646册，若是4箱应该是近千册。此外，他认为需要进一步求证孟国祥教授资料来源的真实性，尤其是要到南京中国第二历史档案馆查询有关档案资料，设法弄清藏书运回国后交与谁，藏于何处。想到这里，他想到了远在南京的好朋友、著名文史学者张昌华先生。

于是，平章二哥拨通了张昌华的电话，请求予以帮忙。张昌华先生十分热心，在接到平章二哥的请求后，不顾南京炽热的天气，连续数日泡在中国第二历史档案馆内，根据孟国祥教授在文章中提供的线索，很快查到了民国三十六年三月一日中华民国驻日代表团日本赔偿及归还物资接收委员会发给国民政府教育部的"接字第〇六一三号"电报。张昌华当即将此电报复印了一份，寄给平章二哥。电报"事由"一栏写道："电陈接收刘文典教授及岭南大学书籍情形经暂存本会待运希洽照转知由。"电文写道："关于查刘文典教授被劫书籍一案……经即咨请英国代表团转函盟总查究归还亦在案，该两批书籍原系在港被劫，经请英国代表团代为申请归还后于本年二月廿四日接收，当即交与本会

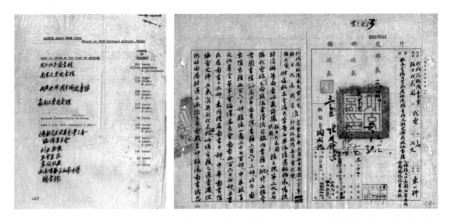

台湾"中研院"近代史研究所档案馆所藏"要求日本归还图籍"档案中有关刘文典被劫藏书的文件

签收。计刘文典君之书籍（646）册，分装三箱，岭南大学书籍（278）册、手册（400）册，装六箱，业经妥觅储藏室存放，俟有便船来日时，拟即交由该船运沪。"此电文证实孟国祥教授在《大劫难》一书中所言是准确无误的。查到这份电报后，张昌华并未停止查寻工作，期待在厚厚的国民政府教育部档案里还可以寻找到其他相关线索，于是将那一时段的档案资料悉数翻遍，讵料却再无收获。随后，张昌华便与孟国祥教授取得联系，告知平章二哥寻书的经历，敦请孟国祥教授以协助。

孟国祥，南京医科大学医政学院党委书记兼院长、硕士研究生导师。长期以来，主要从事政治理论和管理学的教学与研究工作。他长期生活在南京，有感于抗日战争期间日寇在南京屠杀三十万中国人的滔天罪行和对中华民族的疯狂掠夺，特别是对文化方面的大肆破坏与劫掠，遂专注于中国抗战损失研究。他通过大量的调查研究，深深感到日本侵华史是一部血与火的历史，是对华掠夺、破坏、杀戮的历史，也是中华民族的血泪史和屈辱史。因此，他认为研究和揭露日本军国主义在几次侵华战争中犯下的弥天大罪，是历史和现实的需要。多年来，他撰写了近百篇论文，出版了大量专著和译著，其中，揭露日本侵华战争罪行的专著就有《中国抗战损失与战后索赔始末》《国共抗战大肃奸》《大劫难》等。《大劫难》是一本揭露日本侵华对中国文化造成破坏与损害的专著。

很快，平章二哥与孟国祥教授取得了联系。在接到平章二哥的电话时，孟国祥教授很是感慨："令尊大人的珍贵藏书在港被劫，你们几代人义无反顾地千方百计在寻觅，这样的精神令人十分钦佩！我在撰写《大劫难》一书时，对日本侵略者在侵华战争中对中华民族的文化侵略进行了较为详细的调查，翻阅了浩如烟海的档案和图书资料，了解到日本侵略军对中国的图书文献典籍进行大规模的破坏和洗劫，导致中国文化典籍遭受空前洗劫，蒙受巨大损失。1945 年 8 月抗战胜利后，据调查和不完全统计，仅抗日战争期间，中国被劫损失书籍达 300 多万册，还未计算被毁书籍。"

孟国祥教授介绍道，日本对中国文化的侵略是早有预谋的，"他们早在 1894 年中日甲午战争时期就制定了《战时清国宝物搜集办法》。1937 年专门在军队里成立'新民会''中支华中占领地区图书文献接收委员会'，1938 年成立'中支文化关系处理委员会'下设'中支图书标本整理事务所'，占领南京后又成立'占领地区图书文献接受委员会'，在日军通力合作下，有计划开展'文化大劫掠'。"

他接着说，"日军占领香港后，日本南支那派遣军特别调查班查抄了香港大学图书馆，劫走了该校所存图书。另外将中华图书馆、岭南大学、国立北平图书馆、中华教育基金会、王重民东方学图书馆存在香港大学的图书典籍全部劫走，令尊大人存放在香港大学地下室的四箱藏书也遭同样的厄运。"

他说，"令尊大人的藏书被日军劫走，对你们家来说，蒙受了巨大损失，就全国而言，仅仅是极小部分。您托昌华先生告知我，希望我能帮助寻找这批藏书线索，此事我将尽力而为。目前在我手中，有一份日本著名学者金丸裕一教授撰写的《战时江南图书'掠夺说'产生的历史背影》的文章，文中指出，各国图书馆遭到掠夺，'昆明云南大学刘文典教授于 1939 年夏，曾委托香港大学的马鉴、陈寅恪教授代保管的图书，在沦陷后的香港已去向不明……从日本向中华民国返还的工作中，就我所知发生了变化是在 1949 年上半年即当年 2 月 24 日接收的前面提到过的岭南大学藏书和刘文典教授的旧藏书籍计 1300 余册。

最初预定在神户装载到"海辽轮"上运往上海，但是因被暂时延期，结果在当年的 8 月，岭南大学的藏书才用"增利轮"返还到台湾去了，已经觉察到内战失利的国民政府，相继地把故宫的宝物和贵重书籍运到台湾去避难。'从金丸裕一教授的文章中可以肯定，令尊大人的藏书已经运回中国，原计划是与岭南大学图书一同运往上海，后不知什么原因暂时延期，文中只提到 1949 年 8 月岭南大学图书用'增利轮'运到台湾，但由此可以推断令尊大人藏书很有可能与岭南大学图书　并运到台湾。因此，你们寻书的目标应放在台湾方面为宜。"孟国祥教授随后将金丸裕一教授的文章邮寄给了平章二哥。

接到登载在日本《历史学研究》2004 年第 7 期上的这篇文章后，平章二哥仔细研读，认为孟国祥提供的信息十分重要，于是很快地又将此文章复印传送给有关朋友。

远在安徽合肥的新安晚报社首席记者章玉政是平章二哥结识的一位十分热心的朋友。他所著的《狂人刘文典》，是国内最早出版的三伯父的传记，影响力很大。在多年研究三伯父的过程中，他也一直十分关注三伯父被劫藏书的下落，经常通过书籍、网络等各种途径查找藏书的有关信息。

2008 年 11 月 2 日中午，吃完中饭后，章玉政在报社办公室休息。像往常一样，他坐在办公桌旁，信手打开电脑，点击 Google 网站，输入关键词"刘文典"，查找与三伯父有关的各种资料。不经意间他突然看到网页中"蹦"出一份 2006 年 1 月 1 日印行的《台北科技大学图书馆馆讯》第 11 期，内有一篇该校郑丽玲副教授撰写的《台北科技大学所藏"日本归还书籍"介绍》，内文写道：

台北科技大学是所历史悠久的学校，在台北工专时期一
直是专科学校的龙头……学校目前收藏相当数量之旧籍图书，
其中多数是日文，为日治时期台北工专学校典藏之图书。此
外，另有一批战后自中国大陆接收的图书资料，以中文为主，
但亦有一部分英日文，中文书籍有不少珍贵的线装书籍。

这一批书1984年曾作过简单的整理编目，中文部分有图书目录可
考。根据1984年编印的《保管日本归还书籍目录》所记，这批书是中
日战争期间，中国各省沦陷区公私立图书馆之藏书，战后行政院设置
管理委员会，接收部分日本归还之物资，这批书是其中一部分。1952
年6月12日点交当时台北工专图书馆保管收藏，除了各公私立图书馆
之外，还有一部分是合肥刘文典所有，总计一万零一百册。至于来源
到底是哪些地方的图书馆，私人刘文典的藏书又何以成为国民政府接
收保管的财产，最终为何由台北科技大学接收，则无法知悉。

郑丽玲副教授的这篇文章，确凿无误地回答了三伯父的被劫藏书
自日本归还后，由国民政府行政院点交给台北科技大学的前身台北工
专保管、收藏。这正是刘平章一家三代人数十年寻觅最为期待的结果。
章玉政第一时间拨通了平章二哥的电话，将这一信息告诉了他。接着，
章玉政把网上这篇文章下载下来，打印好，邮寄到昆明。

第二天，为进一步核实和了解这一批流落到台北科技大学的藏书的
情况，章玉政通过电子邮件给郑丽玲副教授发去一封电子邮件。函中称：

受刘文典家人委托，一直在多方查寻刘文典当年被日军
劫掠的珍贵图书。昨日上网，偶然查到先生写于两年前的文

章"日本归还书籍介绍"，得知此批图书现存台北科技大学，喜不自胜，当即电告刘文典先生之子刘平章，他亦十分高兴，并委托我查询详细情况。……

今得知此批图书归藏台北科技大学，亦是两岸文化交融之幸事。只惜先生文章对刘文典藏书介绍甚略，难解心中疑惑，为研究计，故特来信寻求帮助，想请先生详细告知刘氏藏书情况，并提供详细目录一份。

2008年11月12日，章玉政给台北科技大学图书馆馆长宋立垚先生发出相同内容的一封电子邮件。结果，宋馆长和郑副教授一直没有回音，两封信均石沉大海。为了进一步佐证藏书就在台北科技大学，章玉政仍不停地继续在网上搜寻，希望发现新的证据。

时间又过去两年，2010年6月19日晚饭后，他来到书房，打开电脑，仍像往常一样，在网络世界搜寻，再次发现一份台北科技大学2006年度第二学期第六次行政会议记录，其中涉及"图书馆"部分有如下文字：

本馆日治时期特藏计画的托管书籍，有民初国学大师刘文典亲笔圈点批校的藏书，现正进行数位化评估，并与相关单位（"中研院"傅斯年图书馆）探询合作修复、推广与应用的可能。

这是时任台北科技大学校长李祖添于2007年5月22日下午亲自主持召开的行政会议，其中明明白白写明台北科技大学"有民初国学大师刘文典亲笔圈点批校的藏书"。这一份记录再次佐证了三伯父的被劫藏书就在台北科技大学！这一铁的事实，是无可争辩的了。章玉政立即给平章二哥打去电话，告知他这个重要的消息。

远在昆明的平章二哥在得知郑丽玲的文章后，已经开始与台北科技大学接触，探寻先父藏书事宜，几次努力均无任何结果，今接章玉政来电，得知该校行政会议有这份记录，顿时增添了寻书的信心。

在寻书的征途中，章玉政又立了大功。多年寻书，犹如大海捞针，困难重重，终于苍天不负有心人，找寻到了藏书下落。这是多年苦心寻觅的结果，不能不令人深感欣慰！

两度访书

多年来，平章二哥将对三伯父的爱全部倾注到整理、出版其生前著作和追寻其半生的心血——珍贵藏书上来。为此，他付出了大量的心血以及人力、物力、财力。我为他的这种精神和执着而深深感动。在平章二哥的邀约下，我也毅然加入他寻书、访书的队伍，协助他处理文字、书信等事宜，一同商量寻书、访书工作的细节。2012年，我们决定踏上赴台访书之路。

访书，是为了完成先人的遗愿；访书，又是为了将三伯父的学术遗产更加完善地呈现给社会。1999年《刘文典全集》出版后，主编诸伟奇教授在"前言"中指出："由于时间久远，变故频繁，作者有些作品已经散失无存，全书虽名曰'全集'，然恐难以符实了。"全集不全已是不争的事实。虽然在全集出版后，诸伟奇先生又编辑出版了全集补编，但仍未解决全集不全的问题。不过，多年来，在平章二哥、诸伟奇教授、刘兴育老师、章玉政先生等人的努力下，不时有三伯父的重要文献被发现。为此，全集编委会决定出版增订本，平章二哥是全集增订版的主编之一。2012 年，全集增订本的编辑工作已近尾声，平章仍感遗憾，告诉我说："我们应尽快去台北科技大学，大人的藏书里可能有他的手稿和著作，如果能从中找到，将这些内容充实到全集增订本里，那么增订本的内容就更丰富、翔实了。这将是一件惠及中华民族子孙后代的十分有意义的事啊！"

其实，早在刚刚获悉藏书的重要线索后，平章二哥就于 2009 年 3 月 1 日给时任台北科技大学校长李祖添写了信。信中首先进行了自我介绍，接着叙述了三伯父藏书被劫经过、数十年一家三代人寻书的艰难历程以及寻书的决心，现从郑丽玲副教授撰写的《台北科技大学所藏"日本归还书籍"介绍》上获知此批藏书现在台北科技大学，希望校方介绍一下藏书的具体情况。4 月 13 日，李祖添校长予以回复，称："经查询本校图书馆现有典藏书刊，与刘文典相关之书目，罗列如附清单计 11 册"，如下表所示。

刘文典相关书目清单

书名	作者	出版地	出版者	出版年	部次名	备注
淮南鸿烈集解	刘文典集解	—	—	—	卷一、卷七	
淮南鸿烈集解	刘文典集解	—	—	—	卷八、卷十三	
淮南鸿烈集解	刘文典集解	—	—	—	卷十四、卷二十一终	
淮南鸿烈集解	刘安（汉）	—	—	—	卷一、卷三	有圈点记注
淮南鸿烈集解	刘安（汉）	—	—	—	卷四、卷八	有圈点记注

续表

书名	作者	出版地	出版者	出版年	部次名	备注
淮南鸿烈集解	刘安（汉）	—	—	—	卷九、卷十一	有圈点记注
淮南鸿烈集解	刘安（汉）	—	—	—	卷十二、卷十四	有圈点记注
淮南鸿烈集解	刘安（汉）	—	—	—	卷十五、卷二十一	有圈点记注
淮南鸿烈集解	刘安（汉）	—	—	—	卷十八、卷二十一	有圈点记注
三余札记	刘文典	上海	商务印书馆	民17（1928）	卷一	
三余札记	刘文典	上海	商务印书馆	民17（1928）	卷二	

　　从李祖添校长寄来的回信以及提供的"刘文典相关书目清单"看，这完全是一封礼节性的回函。这一回复并未提及此前有关资料所涉"私人刘文典的藏书"等关键词。从后来章玉政发现的行政会议记录里可以发现，李祖添先生曾于 2007 年 5 月 22 日亲自主持该校行政会议，研究决定将"民初国学大师刘文典亲笔圈点批校的藏书"进行数位化评估，并准备于"中研院"傅斯年图书馆探询合作修复、推广与应用的可能，可见李祖添校长应该是知道学校收藏有刘文典的藏书的，但他却在回信中以"刘文典相关书目"笼统带过，答非所问，显然是在回避藏书一事。

　　虽然没有得到校方的正面答复，平章二哥继续追踪先父藏书的初衷并没有改变，仍一如既往寻找有关藏书的新线索。当他从章玉政先生那里获知台北科技大学 2006 年度第二学期第六次行政会议记录后，更加坚信三伯父的藏书就在台北科技大学，遂于 2011 年 7 月 30 日再次给李祖添校长写信，又一次询问三伯父藏书现状，信中特别强调："1998年7月安徽大学和云南大学为纪念先父逝世四十周年和全面介绍先父在学术等方面的成就，联合出版《刘文典全集》，共四卷，收录了先父大部分著作、译文、诗歌、书信。由于时间久远，变故频仍，先父尚有一些著作、手稿散失，四卷难以符实。特别是抗战时期存放香港大学的藏书里，有大量先父的读书眉批及手稿未能辑入全集……为使全集臻于完善，几年来，平章与两校积极策划全集的增补和再版工作。原存放在香港后被日军劫掠至日本，抗战胜利后日本归还的先父的珍贵藏书甲的许多珍贵资料，对于目前正在进行的先父全集的增补和再版无疑是不可缺少、极为宝贵的。"为此，恳请台北科技大学详细介绍藏书保存、管理情况，以便为全集再版补充更为丰富的内容。信函发出数月，如泥牛入海，杳无音讯。

10月6日，平章二哥第三次致函李祖添校长，希望立聆德音，告知三伯父藏书现状，并提出拟于近期赴台一睹三伯父藏书的请求。十几天之后，平章二哥收到李祖添校长的回复，仅27个字："来信已收。本人已于今年八月退休，有关事情请径洽新任校长办理。"寥寥数字，仍未提及藏书一事，也未告知新任校长为何人。

幸好有网络。很快，平章二哥从网上得知姚立德教授接任台北科大校长之职，立即于11月6日致函姚校长立德先生，明确提出两点请求：一是了解藏书现状；二是近期择日赴台亲睹先父藏书。信函发出后，平章二哥心里总感到忐忑不安，心想倘若新任校长仍如原任校长那样推诿、敷衍，访书之事还不知道拖延到何年何月何日，唯一的办法只有耐心等待。出乎平章二哥的预料，信没发出几天，他就接到姚立德校长11月15日的回信："令尊之藏书位于本校图书馆之特藏室，妥善保存中。"随信还寄来图书馆特藏室及藏书保存图片 11 帧。照片显示，台北科大图书馆特藏室"内有书架及防潮柜，设有除湿机、空气清净机及冷气机设备"，三伯父藏书正存放在防潮箱内。姚校长在来信中写道："看到来信述说令尊藏书遗失之经过与您找寻之过程，对您的用心觅得先人遗物下落，非常感佩。希此回复能让您稍加安慰。"

平章二哥对于在很短的时间里就收到姚立德校长的回信，颇感意外，更感兴奋。至此，他正式确认，三伯父的藏书就存放在台北科技大学！三代人数十年含辛茹苦的努力找寻，终于有了结果。这是人生中的一大幸事！

为了能尽快赴台亲睹三伯父丢失七十余年的珍贵藏书，2011 年 11 月 28 日，平章二哥第二次致信姚立德校长，请求允许到学校访书。这一请求很快得到校方的首肯。于是，平章二哥邀约洪章三哥和我一道赴台访书。当时，我们赴台的唯一途径是以旅游的名义——昆明未列入赴台自由行城市。经过与云南国际商务旅行社联系，我们参与了一个由 40 人组成的旅行团队，第一次踏上了赴台访书之路。2012 年 3 月 19 日，平章二哥和二嫂、洪章三哥和三嫂、我和老伴一行六人跟随旅行团的其他成员乘机直飞台北，当晚 8 时许，安全降落在台北桃园机场。第二天，平章二哥、顺珍二嫂、三哥和我四人离开旅行团，直奔坐落在台北市大安区忠孝东路三段的台北科技大学。旅行团的其他成员按照预定日程在台北市内观光旅游。

台北科技大学是一所有着百年历史的名校，始建于 1912 年。当时是日本殖民统治时期，初名为工业讲习所。1919 年改名为台北工业学校，1923 年升格为台北工业专科学校，1997 年更名为台北科技大学。步入校园，一股清新的空气扑面而来。校园里绿树成荫，一幢幢校舍掩映在绿树丛中。其中，最让人注目的便是台北的古迹之一——红楼，它是学校现存的最古老的建筑。我们四人边走边问，不一会儿，就来到学校行政大楼，乘电梯来到八楼姚校长办公室，向接待人员说明来意，得知姚校长有事外出，安排林启瑞副校长接待我们。

在秘书的引领下，我们来到七楼林副校长办公室。大家落座后，平章二哥向林副校长作了自我介绍，并将我们三人一一介绍给林副校长。林副校长对我们四人的到来表示欢迎，说："姚校长今日有事外出，他让我代表学校接待各位。"接着，平章二哥向林副校长说明了来意，又将他撰写的《日本侵华掠走"刘文典藏书"追踪记》一文赠送给林副校长，并简要介绍了一家三代数十年追踪藏书的经过。林副校长听后甚为感动，对我们到校访书表示欢迎。由于我们在台时间短促，稍事寒暄后，林副校长便指派图书馆工作人员崔慧君老师陪我们一同前往图书馆。学校图书馆离行政大楼不远，与红楼毗邻。

这是一座二层楼房，上到二楼后，由期刊室转至漫画区，再经西文期刊区，来到了学校保存古籍的特别收藏室。我们一脚踏进特藏室，放眼望去，发现这是一个两间相连的收藏室。外间摆放着一排排书架，书架上堆放着一摞摞书籍，里间除了一排排堆着书籍的书架外，靠墙摆放着一排排防潮柜，柜子里也摆放着书籍。室内有除湿机、空气清净机和冷气机。靠窗子一侧安放着一排桌子，窗外高大的乔木林立，将特藏室外装扮成一个绿色世界。

走进特藏室后，我们的注意力都集中在了随意堆放的书籍上。这些书籍全都平放在书架上，不少是线装书。通过书上的印章，可以分辨出有东北帝国大学、北洋师范学堂、直隶法政专门学校、河北省立法商学院、中山大学等学校图书馆的藏书，还有广西省立第二图书馆、广州市新闻记者公会图书馆、广东省建设厅图书馆、广州大学图书馆等单位馆藏的图书。据图书馆工作人员介绍，三伯父的藏书与其他图书馆的藏书混杂在一起，没有单独堆放，需要我们顺着一排排书架将一摞摞书籍搬到临窗的桌子上，然后一本本进行翻检。这给我们的清理工作带来很大难度。

为了尽快找到三伯父的藏书，经过商量，我们决定从一堆堆藏书中寻找那些盖有"叔雅""刘文典"等印章和有三伯父批注文字的书籍。随后，我们四人便开始分头找书。正翻检间，突然，顺珍二嫂大叫起来："平章，你们快来看，我找到大大的藏书了！"我抬头看去，二嫂拿着一本《文字蒙求》在头上摇晃。大家赶忙跑过去，果然，在书的扉页上有三伯父书写的一段文字，落款是"文典记"，在书的第一页右下方，则有"叔雅"（阳）、"刘文典"（阴）两枚红色印章。这是我们找到的第一本三伯父的藏书。平章二哥走到二嫂身旁，接过《文字蒙求》，拿在手里不停摩挲，久久无语。这是他数十年追寻藏书以来看到的第一本父亲的被劫藏书，多年付出的辛劳，终于有了实实在在的结果！一时间，他激动得说不出话来。我看到他已经热泪盈眶！

找到第一本三伯父的藏书后，我们信心百倍，劲头倍增地将一摞摞书籍搬到窗前的桌子上，再一本本翻看、查找。经过近两个小时的翻检，最终找出了五十多册。中午，我们四人在学校开设的餐厅里简单用完餐后，又回到特藏室，继续埋头翻检、清理。经过 3 月 20 日一天的清理，收获颇丰，共清理近 100 册三伯父的藏书。

在我们一行四人紧张地清理藏书期间，林副校长特意赶到特藏室看望大家。他看到已经翻检、清理出来的三伯父的藏书，信手取下一本仔细翻阅，惊奇地说道："乾隆年间的版本，这是国宝呀！"我朝他望去，只见他手持着一本《文选音义》，不停地啧啧称赞。我与平章二哥四目相视，会心一笑。

平章二哥有点着急，因为按照我们的清理进度，要想在一天之内找到全部的 646 册藏书，是怎么也办不到的事。但我们一行是以旅游名义赴台的，根据台湾的有关规定，参加旅游的人员一般不允许离团，若有重要事情需脱团，要事前提出申请，并缴纳一定费用方可离团。20 日我们四人是由云南国际商贸旅行社代办了相关手续才离团的，而 3 月 21 日之后，我们必须随团活动，只有等到 3 月 26 日旅行团回到台北后，再办理相关的离团手续，方可再到学校继续清理。为此，平章二哥向林副校长提出了 3 月 26 日再次到校继续清理的请求。林副校长当即表示欢迎。我们四人结束了一天的清理工作后，第二天归队参加了旅行团的环岛旅游观光。

3 月 25 日晚，我们随旅行团回到台北。26 日一大早，我们一行四人放弃在台北观光的机会，又一次来到台北科技大学，继续清理藏书。经过整整一天的埋头翻阅、清理和拍照，加之此前的工作，共清理出三伯父的藏书 200 余册，但这距离当年国民政府行政院点交的 646 册仍相距甚远，而第二天我们必须随团离台返回昆明，继续清理已无可能。我们四人简单商量后，在离开学校之前，第二次到林副校长办公室，与他告别。平章二哥对校方给予的方便与支持表示感谢，同时向林副校长提出再次赴台继续清理藏书的请求，特别提出准备邀请安徽大学教授、安徽省古籍整理基金会办公室原负责人、知名古籍整理专家诸伟奇先生一同前来参加清理工作。林副校长听完后，立即爽快地表示：刘文典先生的这批藏书弥足珍贵，学校定当视为"国宝"。学校拥有这批书是台北科大的光荣。下一步要研究如何发挥这批藏书的作用。对于我们提出的再次到校清理藏书的请求，他表示认同和欢迎。3月27日，我们与旅行团的其他成员一道乘机离台，返回昆明。

第一次赴台清理藏书，收获满满。首先是从一堆堆书籍中寻找到200余册三伯父被劫掠的藏书，并将这批藏书一一拍照，留作永远的纪念。大家的心情都很不平静，特别是平章二哥，藏书终于水落石出，他可以告慰九泉之下的父亲了；其次是与台北科技大学有了初步的接触，听到学校开始重视这批藏书，大家非常高兴，特别是学校提出准备适时举办"刘文典藏书展"，这样，将更有利于藏书的保护与管理。但是，我们也不无担忧地发现，或许由于台北科技大学是工科类院校的缘故，虽然从1994年起学校就开始注意到对藏书的保管，专门设立特藏室，并采用了一些先进的设施，但对古籍图书的保管显然缺乏充足经验，还存在诸多问题，如：有的书籍曾被水淹过，书上的水渍仍清

2012年，刘平章（左二）携堂弟刘明章（右一）等专程赶往台北科技大学，寻访父亲于抗日期间被劫掠的藏书

晰可见; 有的书籍受潮严重, 出现褪色、破损; 有的书籍被虫蛀腐蚀, 出现霉斑, 纸质破碎; 有的书籍粘有大面积胶带, 有脏污和褶痕; 有的线装书缝书线断裂, 出现书体散落……许多藏书无序堆放, 封面上满是灰尘, 破损的书籍没有修复, "命运" 不容乐观。对此, 我们感到忧心忡忡。与林副校长辞行时, 平章二哥专门就藏书保管一事向校方提出了一些建议, 希望引起学校的重视。

回到昆明后, 我们几人仍天天记挂着远在台湾的藏书。第一次访书仅仅清理出来 200 余册, 单独堆放在一起, 需要进行第二次清理并全部编目。于是平章二哥和我便开始积极准备第二次赴台访书的工作。问题是, 如果我们仍像第一次那样以旅游的方式到台湾, 那么到台北科技大学访书的时间最多仅有两天, 要完成后继的访书任务几乎是不可能的。因此, 只能另辟蹊径, 以学术交流的方式入台。征得台北科大的同意后, 姚立德校长亲自签发了邀请函, 并安排学校工作人员为平章二哥、诸伟奇教授和我办好了入台证。

2012 年 7 月 11 日, 平章二哥和我从昆明出发, 诸伟奇教授从合肥出发, 三人在深圳会合后, 经香港转机, 当晚 9 时许抵达台北, 入住台北科技大学对面的凯统饭店。第二天清早, 我们一行三人来到学校, 径直朝图书馆走去。崔慧君老师已在门口等候。稍事寒暄后, 我们来到特藏室, 进去后, 我们有点惊喜地发现, 与 3 月第一次访书时相比, 特藏室里有了明显的变化: 三伯父的藏书摆放在学校专设的书架上, 在书架外侧书写有 "刘文典藏书" 五个大字, 十分醒目; 书架上除了堆放着我们 3 月清理出来的 200 余册藏书外, 还有学校后来专门安排崔慧君老师带领两名工作人员清理出来的数百册三伯父的藏书。崔老师告诉我们, 学校打算在所有藏书全部清理完毕后, 举办三伯父的藏书展览，她已经开始着手前期的准备工作。我们清楚地感觉到，自从我们第一次访书后，学校开始重视起三伯父的这批藏书了。

诸伟奇教授长期从事古籍整理工作，是这一领域的知名专家。他也是《刘文典全集》及增订本的主编，对三伯父十分敬重，对这批被劫藏书十分关注。当平章二哥邀请他到台湾与我们一道访书时，他当即放下手中其他繁重工作，欣然同意前往。到台湾后，他以极大的热情投入到繁重而枯燥的清理工作之中。虽然已是六十开外的老人，但一进入特藏室，他就全身心地投入清理工作，"不停地搬书、翻检，边看边记，顾不得喝水，也顾不得讲话，双手又黑又脏，喉咙又干又呛，都顾不得了，一门心思只想多看点、多记点"。①

首先，他将摆放在"刘文典藏书"架上的藏书逐一过目，进行复核、确认；其次，将认定的藏书一一进行登记、造册，并将已清理出来的藏书一一记录下来进行编目；最后，则是将更多的精力放在查看那些存疑的藏书上。藏书上有三伯父的印章或者是有三伯父的题记、跋语、眉批、题函、题册和题封的，都便于认定，而对那些藏书上没有上述内容的，认定难度就非常大了。诸教授用心查找蛛丝马迹，一一予以认定或否定。平章二哥和我则在一旁，一边在其他书架上继续翻检、查找，一边对诸教授确认的三伯父藏书进行拍照。

平章二哥已是 78 岁高龄，我也是 72 岁的老人，诸伟奇教授亦是花甲之人。7 月的台北，正值酷暑季节，天气炽热，热浪滚滚，在这盛夏时节，我们三个人四天之内成天泡在特藏室里，工作十分辛苦，但

---

① 诸伟奇：《台湾访书记》，载《刘文典全集》（增订本）第五册，安徽大学出版社，2013 年，第 832—836 页。

大家都乐在其中。

这一次，收获不小：一是经过我们四天的搜寻、翻检和认定，加之之前的努力，在我们离台时已经清理出518册三伯父的藏书。二是有一个意外的发现——在清理中，诸伟奇教授发现藏书里有两部《论衡》。一部是铅印《论衡校释》，另一部是《论衡校注》。《论衡校注》系清代刻本，已有残缺，原书本有八册三十卷，但我们反复查找，仅找到二至八册，第一册一至三卷已无踪迹。诸教授仔细翻查了这部残缺的《论衡校注》，发现其竟然是三伯父20世纪20年代校勘王充《论衡》时的工作底本，不知为何未曾刊行。为此，他感到格外高兴，因为他正在编辑《刘文典全集》增订本，倘若能将《论衡校注》相关内容纳入其中，那么增订本的内容必将更加完善、更加丰富，这是多么令人高兴的事啊！三是通过这一次的清理，我们更加深切地感受到，三伯父的这一批藏书有着重要的学术价值和文献价值，难怪三伯父将这批他半辈子的心血视为珍宝，至死念念不忘。

在清理藏书的日子里，我们整日以书为伴，似看书又不是看书，书不能言又似能言。这里面有多少历史风云、人世悲欢、学术嬗变！藏书中有很多是历代著名学者的著作，如清朝乾隆年间第一流经学和训诂学大师王引之撰写的《经义述闻》、乾隆年间著名学者、朴学大师、考据学一代宗师阎若璩撰写的《潜丘劄记》、唐代著名学者陆龟蒙撰写的《笠译丛书》，等等。有近现代著名学者、教授、辅仁大学校长陈垣所著并亲笔题赠的《史讳举例》，北京故宫博物院原院长、著名金石学、考古学专家马衡所著并亲笔题赠的《石鼓为秦刻石考》，等等。此外，还有三伯父的校勘手稿《论衡校注》以及他对汉代刘安《淮南鸿烈解》进行点校的底本，和他的成名之作《淮南鸿烈集解》的校对出刊本等。显然，这批藏书的价值，是难以估量的。

在我们进行紧张工作的间隙，7月14日下午4时许，林副校长邀请我们三人和诸教授的朋友、台湾"清华大学"历史研究所所长张永堂教授进行座谈。座谈会上，平章二哥介绍了数十年寻书的艰辛历程和找到藏书的复杂感情，对学校六十多年保存、管理先父藏书所做的工作以及我们两次访书给予的热情接待与支持，再一次表示了由衷的感谢。

诸伟奇教授十分感慨地谈道："受刘平章先生委托，此次前来台湾参加清理刘文典先生的藏书，感受颇深。经过几天地翻阅、清理和编目，对叔雅先生这批藏书的人文学术价值和文献价值有了了解。这些书不是一般的藏书，而是一位著名学者、一代国学大师的藏书。无论是买书、用书和藏书，其中都渗透了学术的因素。仅在我们发现的500多册图书上，每本都有叔雅先生的藏书印和题字，一些书中还有他的题记和眉批，少数更是他作为校勘古籍的底本和工作用书，如《论衡》的校注稿，《淮南鸿烈集解》《三余札记》的商务印书馆校样的作者改校稿，这些都已经超过藏书本身的价值。我们从书籍内外的作者手迹，可以窥见像刘文典先生这样的民国一代学人的藏书状况和学术轨迹。因此，这批藏书的版本价值也是比较突出的。其中，清朝中期雍正、乾隆、嘉庆年间的刊本，无疑是非常珍贵的；大量清朝中后期如道光、咸丰、同治、光绪年间的刊本，今天来说也变为有价值了。因为100多年过去了，这些书越来越少了，何况还是名人的收藏并题签。至于当时陈垣、马衡等赠送给叔雅先生的赠本，就更非一般价值可言了。"

诸教授接着讲道："此次来台清理叔雅先生流失在贵校的藏书，绝非只有500多册，建议学校在两次清理的基础上再继续清查，特别是《论衡》这部书里浸透着叔雅先生的心血，第一册第一至三卷此次没有查找出来，要尽力设法寻找出来。同时希望建立好交流、研究机制。"

听完平章二哥和诸教授的讲话后，林副校长回应道："我们把刘文典大师的著作、藏书，视为国宝。如何做好保管工作，是个课题。麻烦诸教授提供一些意见。我们要把刘文典先生的东西作为台北科大的标志，做好宣传工作，把大师的学术、思想和他对文化学术的努力展示出来，传承下去。我们这边图书馆要把这批珍贵图书保护好，作为特藏，或设立个'刘文典先生藏书室'。"

参加这次座谈的台湾"清华大学"张永堂教授听完大家的发言后，十分感慨地说道："刘文典先生藏书的流难如同 20 世纪的政治生活一样，叫人感慨万分。这批书会流落到台北科技大学，而且保存下来了，真不容易！刘先生与清华有缘，我们荣幸有机缘参与此事。刘文典先生利用清代朴学的方法来治子学，他是子学方面在民初占一席之地的学者，这跟民国学者研究的成就有联系。这次查到的《论衡校注》应该出版，可惜少了前三卷。建议适当时期召开两岸刘文典学术思想研讨会，出个论文集。"

座谈会前，诸伟奇教授就与平章二哥商谈向台北科技大学借用《论衡校注》一事。作为《刘文典全集》及增订本的主编，诸教授对平章二哥说："此次赴台一大收获就是找到《论衡校注》一书，虽然尚缺一至三卷，但将这部不全的著作编到全集增订本中去，是十分有意义之事，望刘先生向校方提及借书一事。"平章二哥也认为此事十分重要，但为慎重起见，在座谈会行将结束时，平章二哥十分慎重地向林副校长提出借用《论衡校注》一书，以便编入尚在编辑中的全集增订本之中。林副校长听了以后表示，此事须学校研究后再作答复。座谈会结束后的第二天，我们为借用《论衡校注》一书向台北科技大学递交了正式的书面专题报告。

　　时隔半年多后，2013 年 2 月 6 日，台北科大林启瑞副校长给平章二哥发来一函，称："已向姚立德校长确认，并已获姚校长首肯，将《论衡校注》……请专家以原书复制一套，致赠台端与刘家子孙留存……期望本书能作为双方友谊永固长存之据。"不久，平章二哥收到了台北科大寄来的《论衡校注》复制件。《论衡校注》是三伯父生前未能出版的一部重要校勘著作，已由诸伟奇教授整理校订，交中华书局出版，届时可以与广大读者见面了。

　　值得一提的是，在我们第二次赴台期间，应台湾"清华大学"的邀请，平章二哥作为清华大学老教授的后代，在藏书清理工作基本结束后，于 7 月 15 日和诸伟奇教授、我三人一道专程乘高铁前往新竹的台湾"清华大学"作短暂访问。其间，与该校叶铭泉、冯达旋两位副校长座谈。之后，参观了新竹清华园，瞻仰了清华大学老校长梅贻琦的铜像和墓地。

　　两度赴台访书，我们感慨万千。七十多年前被劫藏书终于寻找到下落，了却了三伯父生前的最后一项遗愿，可以告慰三伯父的在天之灵了。崔慧君老师在我们离台后将诸伟奇教授编写的《刘文典先生流落台北科技大学藏书目录（部分）》进行了整理，并将他们之后又寻找到的 11 册藏书补充到其中。这样，在台湾的三伯父藏书，共清理出 529 册，距 646 册尚差 117 册。但无论如何，两度赴台访书给我们留下难以磨灭的印象，将成为我们心间永恒的记忆。

整理后记

小时候，经常听父亲讲起三伯父的趣事。在我的心目中，三伯父是一位学问大家、一位了不起的长辈。

1953 年暑假，为准备参加升学考试，我住到云南大学晚翠园三伯父家里，与平章二哥同住一屋，朝夕相处近两个月，对三伯父的起居和生活习惯有了一定的了解。之后，父亲又经常在周末带我们兄弟仨到云大看望三伯父。在我的印象里，他老人家特别喜欢小孩，是一位和蔼可亲的老人。

在三伯父与世长辞后，平章二哥将三伯父的遗著、书信以及珍贵文物一一珍藏。他曾多次对我讲，三伯父对他恩重如山，原打算大学毕业后好生孝敬他老人家，讵料就在他即将毕业之时，三伯父驾鹤西去。这让平章二哥抱憾在心，无法释怀。退休后，他心无旁骛，全身心投入整理三伯父的遗著、文章和资料等工作：1999 年，配合安徽大学出版社、云南大学出版社整理出版了《刘文典全集》；2003 年，主编

《刘文典传闻轶事》一书，由云南美术出版社出版；投入不菲资金，修葺三伯父在安徽安庆近郊大龙山的墓地；倾注大量心血，与家人一道费尽心力，寻觅三伯父抗战时被劫的藏书……他所做的一切，令我深受感动、深为佩服。

20 世纪末，我年届退休，在平章二哥的邀约下，有幸参与了整理、收集三伯父文献的工作；为寻觅三伯父的被劫藏书，我曾陪平章二哥两度赴台寻书、访书。2021 年末，平章二哥提出打算撰写一部回忆、纪念三伯父的书，书名拟定为《我的父亲刘文典》。他邀约我与他合作共同撰写。我以为，十多年来，我通过悉心研读报章、杂志上介绍三伯父的文章，阅读三伯父的全集以及有关他的传记，对他老人家的学识、人品有了更多的了解。在我看来，三伯父是一位备受世人推崇的著名学者，学贯中西，博通古今，著作等身，为世所珍，成就卓著，享誉学林；同时，又是一位饱含忧国忧民情怀的爱国知识分子，一生从事高等教育，广育英才，桃李满天下，为祖国的高等教育事业作出了突出贡献。因此，对于平章二哥的邀约，我义不容辞，欣然接受。

全书的写作由平章二哥口述，我负责执笔整理。我俩对全书的结构、内容等方面进行了十分细致的商讨。在写作过程中，平章二哥不仅详细回忆讲述，还提供了大量的珍贵资料。我俩经常面谈、讨论全书写作的有关问题，精益求精，力求完美。

经过一年的辛勤耕耘，我们终于完成了初稿。书稿完成后，吴进仁先生的爱女吴尔雅女士利用休息时间帮忙录入电脑，十分辛苦。《狂人刘文典》作者、安徽大学新闻传播学院教授、历史学博士章玉政在百忙之中对书稿进行了全面、系统的校订润色、再整理。诸伟奇、张昌山、杨园、龙美光等师友对全书的写作也给予了高度关注与大力支持。在此一并表示谢意！

　　如今呈现在读者面前的这本书，凝聚了平章二哥、章玉政教授和本人的心血，是我们三人共同完成的作品。鉴于我们的水平有限，书中有不当之处，敬请各位读者不吝批评指正。

刘明章

2023 年 3 月